講談社選書メチエ

713

哲学者マクルーハン

知の抗争史としてのメディア論

中澤豊

MÉTIER

まえがき

マクルーハンが「地球に関するかぎり、空間と時間は消滅した」と大仰に言ってから半世紀が過ぎた。いまテレビをつければ、国内ニュースと海外ニュースに時間差はなく、手のひらサイズの電子端末は、世界の出来事をリアルタイムで知らせてくれる。海外に住む友人とは近所づきあいのように親しいし、無名の若者がYouTubeで自分の得意芸を披露して一夜にして世界の人気者になったという成功譚もよく聞く話の一つである。

地球上のどこにいるかは問題ではなくなった。どこにいても家族、友人、同僚とつながることができる。我々はみな「地球村（グローバル・ヴィレッジ）」の住民となったのである。活字を積み上げて造った国民国家の壁は崩れ、国境線は万里の長城のように古い政治の遺物と化しつつある。国境の再建に執心する国の指導者は、マクルーハンのいう「バックミラーに映った遠ざかる過去を凝視しながら未来に向かって後ろ向きに突き進んでいる」典型である。前方の未来を見ているつもりで、意識はいつも後方の過去に引きずられているため、的外れの政策が繰り出されてしまう。人、モノ、金、情報が自由に行き交う今日の地球において、二〇世紀的国境の意味はすでに消滅している。半世紀前、マクルーハンはそれを、国境は一九世紀のものだと言ったものだ。マクルーハンがインターネット時代の予言者と呼ばれるのも宜《むべ》なるかな、である。

しかし、マクルーハンが警告し、それがすでに現実となっている大事なことが一つ見落とされている。マクルーハンは、人間の外部世界の変化ではなく、人間の内面の変化を語っていた。その著書『グーテンベルクの銀河系』の副題は「活字人間の形成」であった。『メディアの理解』の副題は「人間の拡張」であった。「人間の中枢神経の拡張」が地球を村にしたのである。

今日の我々は、半世紀前に確かにもっていた時間と空間の概念を失い、新しい空間、時間概念の中に生きている。マクルーハンに影響を与え、もう一人のメディア論の創始者とも言われるハロルド・A・イニスは、「コミュニケーション技術の革新による空間と時間の偏向《バイアス》が、歴史の推進力である」と言った。人間の内的変化、即ち新しい感覚生活は、それに見合った新しい秩序を要求する。

ギリシャ人は、紀元前八世紀頃、母音と子音からなる表音文字、アルファベットを発明した。古代ギリシャにおけるこのアルファベット・リテラシーの浸透が視覚的ユークリッド空間を生み、紀元前五世紀末期のプラトンをして聴覚的空間に生きる詩人の追放に駆り立てた。グーテンベルクの印刷技術が加速した視覚的合理主義は、ルターとカルヴァンをして聴覚的空間に基礎をおく教会に対して異議を唱えさせ、キリスト教は分裂した。ギリシャにおける口誦から文字への文化移行は数世紀を要したが、今日の活字からエレクトロニクスへの移行は、半世紀もかからず達成されようとしている。活字によってつくられてきた既存の秩序は、新しいエレクトロニクスの秩序によって取って代わられる運命にある。革命はすでに始まっている。

本書を書くことに私を向かわせたのは、マクルーハンの長男、エリック・マクルーハン博士が亡くなったという知らせを受けたことだった。

私は、一九九七〜一九九八年、トロント大学マクルーハン・プログラムにシニアフェローとして在籍し、メディア論を学んでいた。「マクルーハン文化技術プログラム McLuhan Program in Culture and Technology」は、マクルーハン時代の「文化技術センター The Centre for Culture and Technology」を引き継ぐ研究組織である。センターは、マクルーハンの死後、いったん閉鎖されたが、マクルーハンの最後の弟子デリック・ドゥ・ケルコフ（『ポストメディア論——結合知に向けて』〔NTT出版、一九九九年〕の著者）の尽力もあって、情報研究学部に所属する組織として復活した。プログラムは、トロント大学の敷地の東側のクイーンズ・パークを通り抜けたところにあるかつての馬車小屋（コーチハウス）を拠点としていた。そこは、様々な分野の学生や研究者たちが自由に集う交流の場であった。

ヨーロッパからマクルーハンのことを知りたくて、夏休みを利用してぷらっと立ち寄る学生もいた。ヨーロッパにマクルーハンの名前が広まったのはケルコフの存在が大きい。ベルギー出身でもともとはフランス学科の学生であったケルコフはある日、マクルーハンがル・モンド紙に寄稿した原稿の翻訳文について意見を求められ、翻訳文のいくつかの間違いを指摘したところ、「君は今日から私の翻訳者だ」といきなり指名されたという。とまどいながらもマクルーハンの著書『常套句から元型へ *From Cliché to Archetype*』（W.Watson との共著）をフランス語に翻訳することになった彼は、意地の悪い仲間からは、「マクルーハンの本をまず英語に翻訳したらどうだ」と言われたというが、それが冗談とも言えないのがマクルーハンの著作である。隠喩と駄洒落に満ちた文体、ジャンルを超えて縦横無尽に展開するマクルーハンの博覧強記と格闘したケルコフは、マクルーハンが思考を掘り下げるときの言葉の使い方から多くのことを学んだ。

また後に「初期ヴォルテールの悲劇感覚」をテーマに博士論文を書こうとして壁にぶつかっていたケルコフに、マクルーハンはこう助言したという。「悲劇は芸術の形式ではないことを知っているか。悲劇はコミュニケーションの技術なんだ。劇場はギリシャ人がアルファベットの発明から自分たちを回復させる補助として考えだされたのだ。私はそれをアイデンティティの追求と呼んでいる」。五分にも満たないこの会話が、ケルコフの博士論文の悩みを解消したばかりか、後のマクルーハン思想の伝道者としての彼の活動を決定づけることになった。

七〇年代を通じて学生、翻訳者、助手、共著者としてマクルーハンの思考の内面を知る特権的立場にあったケルコフは、マクルーハンが予測しながら実際には目にすることがなかったパソコンとインターネット時代のコミュニケーションと文化の研究の中心地としてプログラムを率い、一〇年ほど前に所長を退いた。プログラムは、現在再び「マクルーハン文化技術センター」の名称を復活させ、活発な活動を展開させている。九〇年代後半にケルコフの計らいでマクルーハン・プログラムにシニアフェローとして滞在した私は、そこで幸運にもエリック・マクルーハン博士の「指導」を受けることになった。博士は、プログラムの国際部長として、毎週水曜日、コーチハウスのオフィスにきていた。ときどき、何人かの学生・研究者と一緒に博士の話を聞く機会があり、その時、マクルーハンの遺作『*Laws of Media*』の話がでた。

博士は、この本はマクルーハン理解に欠かせない重要な本だが、まだ十分に理解されていない、としきりに言っていた。私はすぐ大学の書店でその本を購入したが、タイトルとは違って「メディア」の問題とはかけ離れた哲学用語が続く難解な本で、とても自分には手に負えそうもなかったが、まだ日本で紹介されていない『*Laws of Media*』は、私が理解しなければならない本だと感じた。最初は遠慮がちに博士のところに行って解説を求めていたのだが、博士が思いのほか長時間私の相手をしてくれるので、厚意に甘えてほとんど毎週、ウェンズデー・ナイト・セミナーが始まる前の水曜日の午後に私が彼を独占するような日々が続いた。

帰国後、『*Laws of Media*』の翻訳本を出版できることになり、博士に知らせるととても喜んでくれた。翻訳は三年近くかかって『メディアの法則』（NTT出版、二〇〇二年）として出版された。その間、私からの質問のメールに博士は必ず返信をくれた。私としては、博士への感謝の気持ちを何らかの形にしなければとずっと思っていたが、その機会がないまま年月が過ぎてしまった。

博士の訃報を受け、結局、私ができることは、彼が全面サポートしてくれた『メディアの法則』の解題となるような本を書くことしかないと思い、執筆に取り組み始めたのが本書である。解題といっても、『メディアの法則』は訳者の私自身が今でも半分も分かった気がしない本であることを告白し

マクルーハン・プログラムの拠点、コーチハウス

なければならない。ただ、翻訳で苦しんでいるときに、一瞬目の前が開けたような気がしたことがあった。気になっていたその切り口に立ち戻り、こじ開けて内部をスキャンするように書いたのが本書である。

本書がUnderstanding McLuhanといっていいのかどうかは分からない。恐らくマクルーハンは万華鏡のように、集めたピース次第でさまざまな形に変化するはずであり、それぞれのマクルーハン理解を許してくれる存在であると思う。「私のマクルーハン理解」がこの本を手に取ってくれた皆さんのマクルーハン理解の一助になれば幸いである。なお、本文中、エリック・マクルーハン博士を「エリック」と親しい呼び名で記させていただいている。最初に会ったとき、そう呼ぶようにと言ってくれた心の広い人であった。

本書での引用文、特にマクルーハンの著作からの引用文については、読者の読みやすさを考慮して以下のように出典の略号だけを示した。

『グーテンベルクの銀河系』（みすず書房）――M1
『メディアの理解』（邦訳『メディア論』みすず書房）――M2
『メディアの法則』（NTT出版）――M3
『機械の花嫁』（竹内書店新社）――M4

目次

第1章 マクルーハン旋風とは何だったのか

雑誌『探求』創刊号表紙

一九六〇年代のベストセラー

「メディアの「内容」（コンテンツ）は、強盗が精神の番犬の気をそらせるために携える血のしたたる肉切れのようなもの」（M2／18）であるとマクルーハンは言った。なるほどそうかと思いながら、我々はマクルーハンの著作を読むときすっかりそれを忘れて、マクルーハンの残した魅力的な《キャッチー》フレーズに飛びついてしまう。飛びついて、かみ砕いて、バラバラにして、一旦捉えたと思ったマクルーハンが気が付くとまた遠のいている、そんな経験をしているマクルーハン読者は多いことだろう。その結果、Understanding Media ならぬ Understanding McLuhan をテーマとする本が大量に発行されることになった。

マクルーハン解釈はまるで「聖書解釈」のようになっている。マクルーハンほど解明が求められ、未だ解明されていない人物もめずらしい。だが、半世紀前、竹村健一はマクルーハン理解の手がかりを確かに摑んでいた。読者の中には、マクルーハンの理解者として竹村健一の名前が冒頭に登場する本に抵抗がある人もいるかも知れない。だがあえてこの本は、日本におけるマクルーハン理解において、竹村健一がいかに重要な人物であるかを強調することから始めたい。

竹村は、マクルーハンを日本に紹介した最初の人物として知られている。しかし、我々が今日目にする多くの印刷物には、竹村の本がベストセラーになったことには触れていても、積極的な評価はせず、むしろ「竹村健一はマクルーハンを誤った解釈で日本に紹介した」、「竹村健一が最初にマクルーハンを紹介したことは日本にとって不幸だった」といった解説がついていることさえある。その結果、マクルーハン理解のための重要な本が現代のマクルーハン読者の視界にない可能性がある。私自身、マクルーハンに興味をもってすぐにそういう解説文を目にして、以降、竹村の本は読むに値しないと勝手に決め込んで手にとることはなかった。誠に印刷されてしまった言葉というのは恐ろしいもので、竹村の『マクルーハンの世界』を読んだのはかなり後になってからであった。

竹村の『マクルーハンの世界』は、一九六七年に出版された本のベストセラー八位と大変な話題になった。解説本とはいえ、難解な学術書を扱った本がベストセラーになることはなかったので、出版界としては画期的な出来事だったらしい。

竹村の『マクルーハンの世界』『マクルーハン理論の展開と応用』『マクルーハンとの対話』のマクルーハン三部作は、マクルーハニズムを禅、俳句あるいは漢字などの日本文化を通して語るなど、竹村独自の視点から分析しており、他にないユニークなマクルーハン論となっている（以下、引用にあたっては『世界』『理論』『対話』と略記する）。こうした「勝手な」マクルーハン理解が、彼がいう「専門家」から冷ややかな目で見られる原因となったようだが、マクルーハニズムを通じて「日本文化」を再発見することこそ、マクルーハンを読む意義のはずである。まだ邦訳が一冊も出ていない段階でそれをやった竹村の功績は強調してもし過ぎることはない。日本におけるマクルーハン旋風は、竹村が半分以上吹かしていたことは間違いない。

私が、竹村健一をこの本の冒頭で評価するのは、『メディアの法則』を翻訳する過程で、マクルーハン理解の道が一瞬開けた気がした、ということと関係するからである。結論を言ってしまえば、竹村健一が「専門家」に評判が悪いのは、マクルーハンがアカデミーの人々からさんざん批判されたこと同じで、それはまた古代ギリシャでソフィストが、ソクラテスとプラトンに批判されたことと同じ、という「比例関係」に気づいたからである。この本は、その「比例関係」とは何かを論じた本である。

竹村健一の的確なマクルーハン理解

まず、竹村のマクルーハン理解から始めることにしよう。竹村は、本の冒頭マクルーハンの経歴を紹介する中で、マクルーハンがカトリック系の学校ばかりで教えていたことに触れ、こう書いている。

彼のような斬新な発想をする男が、キリスト教でも古いほうのカソリシズムに改宗しているのはおかしいと思われようが、壮大荘厳な教会の中でのミサを体験した方なら、それがマクルーハンのいう「深いところでのコミュニケーション体験」であることがおわかりだろう。プロテスタント教会には見られぬ祭壇の深い美しさ、香のにおい、着飾った僧の動き、響きわたる声——人間の全感覚をゆり動かす荘厳なミサである。説教にしてもプロテスタントのものと大いに異なる。いわゆるインテリとして、頭で客観視する態度ではまったく理解できない祈禱文《きとうぶん》が朗読される。そのなかに没入する気持ちになってはじめて全体験が可能となるのである。マクルーハンは絶えず五感全部の深層体験を強調しているが、カソリシズムと関係がないとは考えられないのである。(『世界』16)

この一節だけで、竹村がマクルーハン理解の本質を捉えていることが分かるのだが、さらに、「結局マクルーハンは、あらゆる問題をとらえてオールナイトの討論会をやっている男として考えるのがいいのかもしれない。けっして結論は出ないが、興味あるヒントがつぎつぎと飛び出してくる。彼によって私たちは新しい道を開かれ、古くからある問題を新しい方法で見ることができるのである」（『世界』24）と、実に的確な指摘が続く。マクルーハン理解は「方法の問題」であることがすでにこの時期に竹村は分かっていた。そしてマクルーハン理解の最重要ワード「インヴォルヴメント」について こう語る。

すなわち、いままでの理論は「論理的であり、分析的で」あったのに、彼は「詩的に、直観的に」理論を展開したのである。日本にはこういうインボルブメントを要求する理論方式——たとえば禅や茶道の本——があったのに、西欧型になってしまった現代の知識人は、その中へ入ってゆくことができず、「客観的批評」しかくだせなかった。まったく違ったメディアで語っている男に対して、従来の（別種の）メディアで答えて何になるだろうか。FMで放送している男の声を聞こうとして、一生懸命中波放送のダイヤルを回すようなものではないか。彼らがマクルーハンと対話できないのも理の当然である。（『理論』「まえがき」）

マクルーハンは「インヴォルヴメント」を「客観的分析」の対義語として用いている。日本語にすれば「没入」、「熱中」、「巻き込み」などと訳される言葉である。竹村は「密着」と訳していた。

竹村は、『世界』を書いた後、当時ニューヨークのフォーダム大学にいたマクルーハンに面会を申し込む手紙を書いた。面会の手紙には、「マクルーハニズムを研究すればするほど私は日本文化をクールであり、あなたの言う〝電気時代の文化〟であると確信するようになった。ついてはこの二者の関連性について話し合いたい」（『対話』13）と添えた。

思いがけずすぐに返信があって会えることになったが、「話し合うだけでなく、マクルーハニズムと日本文化の関連性について学生に話をしてくれ」という依頼があり、入念な準備をして芭蕉や老子、禅など東洋の象徴主義的文化がマクルーハニズム的であるとの話をしたところ、学生に大いに受けたという。ただ、二日目も招かれて教室に入ると、マクルーハンから「アジア人と共産主義」について話をしてくれと突然言われ、さすがの竹村も一日目と違い何の準備もしていないし、自分がアジアを代表して話す資格があろうとも思えないと言うと、「そういう言い訳をするところが活字人間の特徴である。君も英語の勉強をしているうちにそういう言い訳をする活字人間になっている」とマクルーハンに言われ、やむなくぶっつけ本番で臨んだという。

マクルーハンは、「共産主義とはサービスである。電話はサービスである。電気世界はすべてサービスであり共産主義である」と言って学生たちをポカーンとさせた。そして「なぜならだれもそれを所有しないからだ」と続けた。こうした次元の違うものを比較して強引に結びつけるのがマクルーハンなのだが、竹村はこのマクルーハン流の隠喩（メタファー）を十分に理解できる思考方法の持ち主だった。竹村は、隠喩を理解するのは活字人間ではなく、むしろ本をあまり読まない人がマクルーハンを理解できる、と言っているがまさにその通りなのである。隠喩を理解するのは知識ではなく経験なのである。

雄弁家マクルーハン

マクルーハンは、たまたま新しく勃興してきたテレビ文化について「彼流のやり方」で論じたことで世界的な名声を得たが、別にテレビであろうと、政治であろうと、科学であろうと、恋愛であろうと、彼は何についても語れるし、何を語ってもマクルーハンはマクルーハンである。マクルーハンを知るためには、このマクルーハンをマクルーハンにしているものの正体を浮かび上がらせる必要がある。

マーシャル・マクルーハン

この本では、なるべくマクルーハンが残した警句（アフォリズム）には立ち入らず、マクルーハンとその周辺に現れたエピソードをヒントに、マクルーハンの「方法」の理解に迫ってみようと思う。マクルーハンの人生は映画スター並みに様々なエピソードに彩られ、どうでもいいことまでマクルーハン論になってしまっている。その中からマクルーハンの仕事を語るうえで重要と思われるエピソードをいくつか選んで、その背景をさぐりながら考察していくことにしたい。

〈マクルーハンの毀誉褒貶《きよほうへん》〉

マクルーハンを最初に「発見」し、評価したのはアーティスト、クリエイター、産業人たちであった。大学の学者たちからはむしろ徹底的に批判された。何かマクルーハンという存在の在り方に対する拒否反応とでもいえる批判であった。マクルーハンほど賛否両論、毀誉褒貶がある学者も珍しい。『マクルーハン賛否両論 *McLuhan Pro & Con*』（一九六八年）という本まで出ているくらいである。こうした世の中を二分するような評価を生じさせたものは何か。

〈マクルーハン旋風〉

「よく言われることだがマーシャル・マクルーハンの最大の業績は、その評判である」とは、ジョナサン・ミラーの本の冒頭の言葉である。ミラーの書いた『マクルーハン』（一九七一年）は、マクルーハンがしばし忘却される最後の一撃となったと言われるマクルーハン批判の書であるが、マクルーハン旋風の絶頂期、どんなにマクルーハンの本を批判しても、その評判の拡大は止まらなかった。マクルーハン自身が、「私を日夜中傷する人は、私の評判を高めてくれている。そんな貴重なサービスは金で買うことはできない」と言ったのも頷ける状況だった。

テレビに出演しては得意の即興弁舌を披露し、大衆誌『プレイボーイ』のインタヴューを受け、ウッディ・アレンの「アニー・ホール」に本人役で登場する。テレビが登場して、活字知識人もテレビに出演するようになっていたが、マクルーハンほどテレビ受けした人はいない。マクルーハン旋風とは何だったのか。なぜ、旋風が起きたのか。

〈マクルーハンの改宗〉

マクルーハンは敬虔なカトリック教徒である、と紹介される。彼は、一九三七年、二六歳の時、プロテスタントからカトリックに改宗したが、北米カナダ出身のマクルーハンにとって、プロテスタントから少数派のカトリックに改宗することは、後に社会的に様々な不利益が生じる可能性があった。マクルーハンは、改宗を心配する母親にケンブリッジから、已むに已まれぬ文化的好奇心から改宗することを許して欲しい、といった趣旨の手紙を送っている。マクルーハンがカトリックに魅かれた文化的好奇心とは何か。

〈口誦の達人マクルーハン〉

今では、YouTubeでマクルーハンのインタヴュー映像や講演の映像が見られるようになった。見ればわかる通り、マクルーハンは巧みな弁舌の持ち主だった。一つのことを聞かれたら一時間でも二時間でもそのことについて話ができる、そういう人だった。それもただ話すだけでなく、マクルーハンの話し方には聴衆を引き込む独特の抑揚とリズムがあった。マクルーハンの弁舌についてトロント大学で英文学研究の同僚（カレッジは異なる）であったノースロップ・フライは、マクルーハンが亡くなった後、インタヴューにこう答えている。「マーシャルは驚くべき対話の即興詩人であった。一つの偶然の発言からたちまちのうちに火がついたように話すことができた。その点で彼に比肩する人を私は知らない」と。

大学者が必ずしも雄弁家ということはない。むしろ大学者の講演はつまらないことが多い。トロントにいたとき、ノーム・チョムスキーの講演が市内であったので高いチケットを買って行ったことがあるが、ぼそぼそと何を言っているか分からない感じで話すので、途中で寝てしまったことを思い出す。マクルーハンはその著作で有名になったが、稀に見る雄弁家でもあった。マクルーハンを雄弁にしているものは何か。

〈予言者マクルーハン〉

マクルーハンが英文学の教授であったことは今では誰もが知っているが、六〇年代のマクルーハン・ブームの頃から、彼が英文学の教授では据わりが悪いらしく、電気メディア時代の社会学者、ポップカルチャーの哲学者、文明批評家、コミュニケーション理論家、予言者など、さまざまな呼び名で紹介されてきた。

トロントにいたとき、エリックに、マーシャルは何て呼ばれるのが好きだったかと訊いたことがあった。エリックからは即座にEnglish Teacherと返ってきた。マクルーハンは根っからの文学教師だった。理論家とか予言者とか呼ばれることは好きではなかった。マーシャル本人に訊いたなら「観察者observer」と返ってきたかも知れない。「自分は今を観察しているだけだ」というのが、マクルーハンの口癖だった。

最近はやはり「インターネット時代の予言者」と言われることが多い。マクルーハン以外にもダニエル・ベルやアルビン・トフラー、ジョン・ネイスビッツなど、来るべき情報化社会像を具体的に論じた社会学者、未来学者たちはいた。彼らの近未来予測はマクルーハン以上に当たっていたと言ってもいいと思うが、彼らが予言者と言われることはない。なぜ、マクルーハンだけが予言者と言われるのか。なぜ、マクルーハンは「グル（導師）」なのか。なぜ『WIRED』の「守護聖人《パトロンセイント》」なのか、なぜマクルーハンの言葉は「ご宣託」なのか。マクルーハンを予言者にしているものの正体は何か。

さて、五つほどマクルーハンのエピソードを挙げたが、これらのことはバラバラな事象ではなく、一つのことでつながっている。それはマクルーハンの方法「レトリック」である。マクルーハンのレトリックについてはこれまでも話題に上ることはあっても、その扱いにくさからどうしても避けられてきた問題である。だがそれがマクルーハン理解を阻んでいる原因でもある。マクルーハンの「レトリック思考」を理解できれば、これまでもやもやしていたマクルーハンの輪郭がもう少しはっきりと浮かび上がってくるはずである。

第2章 文学研究から世界の読み取りへ

FEENICHT'S PLAYHOUSE

NEW MEDIA CHANGING TEMPORAL SPATIAL ORIENTATION OF SELF

PROTESTS USE OF HIS NAME

TIME - SPACE DUALITY GOES

TRAVELER TELLS OF STRANGE BELIEFS

SORCERY AMONG SAVAGES

WAIT TILL FINNEGAN

EXPLORATIONS TWO

HISTORIC TIME COMES TO END

T. S. ELIOT FLIES HOME

雑誌『探求』２号表紙

英文学研究を出発点として

マクルーハンについては、すでにフィリップ・マルシャンの『*Marshall McLuhan: The Medium and the Messenger*』（一九八九年）とテレンス・ゴードンの『*Marshall McLuhan: Escape into Understanding*』（一九九七年）の二冊の伝記が書かれ、その生涯についてはかなり詳細が知られている。

マクルーハンは一九一一年、カナダ西部のアルバータ州の州都エドモントンでプロテスタントの家庭に生まれた。父ハーバート・アーネストはアイルランド系で不動産業を営み、保険のセールスマンもやっていた。教師だった母エルシーは、後に朗読家として各地で独演会を開くような口誦の才能をもった女性だった。マクルーハンはこの母の才能を受け継ぎ、口達者な子供だった。子供の頃は機械いじりが好きで鉱石ラジオを自分で組み立て、大人を驚かせたこともあった。

一九二八年マニトバ大学に入学した当初は工学を志望したが、自分の能力を発揮できるところはここではないと悟り、一年後英文学に転じ、一九三三年ゴールドメダルとともに学士号を授与された。翌一九三四年には修士号を取得したが、自信家だったマクルーハンはいっそうの高みを目指す野心と希望に溢れていた。母親エルシーは、マクルーハンが米国ハーバードに進むことを望んでいたが、彼の希望は英国オックスフォードかケンブリッジだった。

オックスフォードではなくケンブリッジに行くことになったきっかけには一つの出来事があった。成績優秀ではあったが、マクルーハンはそれまで奨学資金委員会の教授たちとのコミュニケーションを十分取ってこなかったため、オックスフォードへの奨学金を得ることに失敗してしまった。だが、マクルーハンを「最も傑出した」学生と評価する教授たちの推薦と米国に住む裕福な叔母の支援、慈善団体（ＩＯＤＥ）からの奨学金も得ることができ、一九三四年ケンブリッジの地を踏んだ。

マクルーハンのケンブリッジでの最初の立場は、三年間の学士課程（ＢＡ）に進むための一年間だけの affiliated student だった。マニトバ大学の学士号、修士号は認められず、また振り出しに戻ってスタートすることになった。こうした回り道もあったが僥倖《ぎょうこう》もあった。その後のマクルーハンの軌跡を決定づけることになるＩ・Ａ・リチャーズに出会えたことである。

メディア論の起原としての「意味論」

リチャーズは、意味論の研究者、新批評（ニュー・クリティシズム）の提唱者として知られる著名な文芸批評家である。日本でも戦前すでに『詩と科学』（一九三二年）、『意味の意味』（一九三六年）が邦訳され、たびたび来日もしている。戦後も『文芸批評の原理』（一九六三年）、『実践批評』（二〇〇八年）が出ている。

マクルーハンがケンブリッジに着いた頃（一九三四年）、文学研究の分野ではＩ・Ａ・リチャーズの影響は絶大だった。リチャーズがマクルーハンに与えた影響について、マクルーハンと親交の深かったイギリスの批評家ジョン・ウェインは、「もしマニトバ大学卒業後、ケンブリッジでなくてオックスフォードに行っていたならマクルーハンの仕事の全軌跡は全く違ったものになっていただろう」と言っている。というのも、当時オックスフォードの英文学部には、中世研究のＣ・Ｓ・ルイス、熟達の伝記作家Ｄ・セシル、シェイクスピア演劇法の研究者Ｎ・コーギルの三人の最高の知性がいて、三人はいずれも読者、聴衆を、基本的に作品の作用が及ぼされる素材として扱っていた。すなわち、偉大な文学作品の豊かさによって彼らが分かる場所へ導かれ、指導され、案内されるべき対象として読者を見ていた。

オックスフォードの批評家は、作者を歴史上の時代の中に固定し、時の歪曲によって引き起こされた誤謬を正すために研究したが、哲学(倫理学)を学び、その後、読む行為に伴う認知プロセスに興味を抱いて文学に転じたリチャーズ(ウェインは、リチャーズは心理学者だったと書いている)は、何よりもまず読み手の心理状態に関心があった。リチャーズの最初の著作が、心理学者C・K・オグデンと美学者J・ウッドと共著の『美学の基礎』(一九二二年)、二冊目もオグデンとの共著『意味の意味』(一九二三年)であったことからも分かるように、初めから心理学の助けを借りて言語の研究に取り組んでいた。

リチャーズは邦訳『意味の意味』(新泉社、一九六七年)の「日本語版のために」として書かれた文章の中で、著名な二人の哲学者の講義を聴講していた時のエピソードを紹介している。A教授は自分の講義で「B教授の言っている意味が分からない」といい、B教授は自分の講義で「A教授は私の言った意味が分からないと言っているが、その意味が分からない」と数年間にわたって飽きもせず別な教室でやり続けているのが不思議だったが、さらに怪訝だったのは、二人とも「意味」という言葉の用法をまじめに考察していないことだった、という。リチャーズ以前、「言葉がいかにして意味をもつか」ということは議論に値しないことだった。

『意味の意味』には「言語の思考に及ぼす影響と象徴学の研究」という副題がついているが、象徴すなわち暗示的な効果の研究が「意味」の理解には欠かせないとリチャーズは考えていた。学生には、詩や小説の作者の名前を隠して純粋にテクストとして読解させ、批評させる分析的作業をやらせた。そうすることで、読み手は作者の意図や伝記的事実、作品の時代背景から離れ、純粋にテクストが生み出す効果に注意を向けることができる。意味は作品に内在するものではなく、読み手がテクストから再生する経験にあるというのがリチャーズの考えであった。すなわち、「何を」だけではなく、「どのように」受け止めるかの知覚能力、およびその知覚への影響の研究に取り組む環境がそこにあった。リチャーズは、詩の解釈にあたって詩の「形式」がもたらす心理作用についてこう書いている。

ほとんどすべての詩において、言葉の音と感じが、つまり詩篇の内容に対してそれの形式としばしば呼ばれるものがまず作用しはじめ、そしてそののちにいっそう明らかに把握される言葉の意味《センス》はこの事実によって微妙な影響を受ける。（『科学と詩』32）

このリチャーズの、詩の「形式」が読者に及ぼす心理作用への注目が、後の「メディアはメッセージである」につながっていくことを予感させる一文だが、いずれにしてもリチャーズ流のこうした読者の心理状態に重きを置いたテクスト解釈が、もともと作者匿名の広告や大衆文化に向かうと読者、視聴者側の感受性が極端に誇張されて、「ユーザーがコンテンツである」、「米国のテレビ番組《プログラム》もカナダ人が観ればカナダの番組《プログラム》だ」といった、後のマクルーハンの言葉になるのである。

後にコミュニケーション理論家として登場するマクルーハンの思考の起原となったのはリチャーズ

の意味論研究であった。「意味論」とは今の言葉で言えば、「コミュニケーション論（伝達論）」である。どうしたら意味の伝達（コミュニケーション）をよりよくすることができるのか。意味が言葉に内在するものであると考えれば、意味の送信者側からの伝達理論であるシャノン＝ウィーバー理論になり、意味とは受信者の感情をも含む経験であるとするリチャーズの伝達論が発展するとマクルーハンの「変容のコミュニケーション理論」、すなわち「メディア論」になるのである。従って、シャノン＝ウィーバー理論に依拠した「メディア論」は「メディア論」ではない。詳細は後述する。

ウェインは、「未来の『メディアの理解』の作者が、これに勝る訓練場所を見つけることはできなかったであろう」と書いている（トロント大学マクルーハン・アーカイブ資料「The Incidental Thought of Marshall McLuhan/John Wain」から）。

ケンブリッジの時代にマクルーハンが影響を受けた作家は、彼が著作によく引用する探偵小説の創設者エドガー・アラン・ポー、技術が究極のメディアたる言語に及ぼす影響を探求した『フィネガンズ・ウェイク』の作者ジェイムズ・ジョイス、大衆文化形式を詩に取り込んだT・S・エリオットとエズラ・パウンド、暗示の効果を探求した象徴主義者《シンボリスト》たち、ランボー、ボードレール、マラルメらであった。

ケンブリッジでの学位取得とトロントへの着任

一九三六年には年限が短縮されて学士号を取得し、英国を離れ米国ウィスコンシン大学に助手の職を得た。学部の一年生を教えた彼は、米国の大衆文化（ポップカルチャー）をまとった学生たちを理解できないことに驚き、大衆文化の研究の必要性に目覚めたという。それが後の『機械の花嫁』（一九五一年）、『メディアの理解』（一九六四年）につながる。

三七年にはマクルーハンのその後を決定する大きな決断があった。母親の心配をよそにプロテスタントからカトリックに改宗してしまう。改宗の理由は、マニトバ大学時代から傾倒していたイギリスの詩人、推理作家G・K・チェスタートンの影響（彼はイギリス国教会からカトリックに改宗した）と「文化的好奇心」からだった。文化的好奇心が何かは後述する。

三七年からカトリック系のセントルイス大学に移ったが、ここでマクルーハンに大きな影響を与えたウォルター・J・オングと出会った。一九一二年生まれのオングは、一九一一年生まれのマクルーハンと同世代だが、ケンブリッジから北米に戻って間もないマクルーハンは、オングの修士論文の指導教官となった。ほとんど同世代であったマクルーハンとオングは先生と生徒というよりもお互いに影響を与え合った同僚・盟友という感じであった。『グーテンベルクの銀河系』には、オングの活版印刷による視覚的方法の確立と対話の衰退を論じた『ラメ――方法の確立と対話の衰退』、『ラメの方法と商業精神』が頻繁に引用されている。邦訳されているオングのものとしては、「メディア論」の理解に欠かせない『声の文化と文字の文化　*Orality and Literacy*』（一九八二年、邦訳一九九一年）がある。

三九年には一歳年下のテキサス出身の女優の卵コリーヌ・ルイスと結婚、博士号取得のために彼女を連れて再びケンブリッジに留学した。長男のエリック・マクルーハンが生まれたのはこの時期である。

四三年には一六世紀エリザベス朝期のパンフレット作家トマス・ナッシュを西洋の教育の伝統「トリヴィウム（三科）」の歴史の中に位置づけた論文でケンブリッジから博士号を授与された。私がトロントにいたときは、このマクルーハンの博士論文はまだ書籍化されていなかった。帰国の際、エリックから『メディアの法則』の理解に欠かせないということで、論文の分厚いコピーを手渡されたときは、嬉しさよりもプレッシャーの方が大きかった。論文は執筆から六〇年を経て、二〇〇五年『*The Classical Trivium: The Place of Thomas Nashe in the Learning of His Time* 古典三科——トマス・ナッシュの時代の学習における彼の位置』としてついに書籍化された。

一九四四年には、セントルイス大学からカナダ・オンタリオ州のアサンプション大学（現ウィンザー大学）を経て、四六年トロント大学セント・マイケル・カレッジに着任した。

トロント大学での最初の大きな出来事は、何と言ってもハロルド・A・イニスとの出会いである。カナダに生まれたイニスは、シカゴ大学でPh.D.をとり、経済史家としてカナダの毛皮、材木、鱈《たら》など一次産品の物流の研究に取り組み、一九二〇年代から一九五二年に亡くなるまで一貫してトロント大学で教鞭をとり、政治経済学の大学院の院長にもなった大学の重鎮だった。

晩年、コミュニケーションと文明の歴史に関心をもち、『帝国とコミュニケーション *Empire and Communications*』（一九五〇年）、『コミュニケーションのバイアス *The Bias of Communication*』（一九五一年、邦訳『メディアの文明史』）と『時間概念の変遷 *Changing Concepts of Time*』（一九五二年）を著した。これがトロントにおける「メディア論」研究の嚆矢《こうし》となった。詳細は後述する。

大衆文化を言語として批評する

マクルーハンの初の著書『機械の花嫁』が出版されたのは、一九五一年マクルーハン四〇歳の時であった。それまでも文芸専門誌には多くの批評文を寄稿していたがまとまった著作はこれが初めてで、その意味ではマクルーハンは遅咲きの英文学者であった。

マスメディア広告の文化的な影響を論じた『機械の花嫁』の副題は、邦訳では「産業社会のフォークロア」(竹内書店）となっているが、原著では "Folklore of Industrial Man" であるから、直訳すれば「産業人の民話」である。後の『グーテンベルクの銀河系』の副題 "The Making of Typographic Man" や『メディアの理解』の副題 "The Extensions of Man" からも、マクルーハンの関心は最初から人間に向かっていたことが分かる。また「機械の花嫁」あるいは「機械化された花嫁」というタイトルからは、この頃のマクルーハンの、機械文明が統合された存在としての人間性を損なっていること、それが人間の性までも歪めてしまっていることへの批判的な態度が読み取れる。後にマクルーハンは、『マクルーハン――ホット&クール』を編纂したジェラルド・スターンの質問に次のように答えている。

『機械の花嫁』は、テレビによって完全に否定された本の格好の例である。アメリカの生活におけるあらゆる機械的な前提はテレビ登場以来、取り払われてしまった。アメリカの生活は有機的な文化になった。女性らしさは、写真の挑発的な魅惑から、何もかもを巻き込んでいく触覚モードに移ってしまった。女性らしさは、かつて視覚的なものの混合であった。今や女性らしさは、ほとんどまったく非視覚的である。私はたまたま偶然に、テレビ登場の直前に、その存続期間の最終段階にきているそれ（視覚的な女性らしさ）を観察したのである。（『*McLuhan: Hot & Cool*』302–303）

『花嫁』が出版されたまさにその時、北米はテレビ文化に侵食され始めていた。『花嫁』で論じた機械文明の視覚的な世界はエレクトロニクスの触覚的な世界に取って代わられようとしていた。多くの人は、機械とエレクトロニクスは技術的に連続したものと考え、本質的な違いを意識しなかったが、マクルーハンは、電気のスピード、光のスピードに機械文明によって分断された統一体としての人間性を回復させる可能性を見たのである。『機械の花嫁』（一九五一年）から『メディアの理解』（一九六四年）の十余年は、マクルーハンの機械文明への批判が電気文明への楽観と期待に変わっていく過程であった。

日本で広告を批評の対象にした雑誌『広告批評』が創刊されたのは一九七九年であるから、マクルーハンはその約三〇年前にすでにマスメディアと広告がもたらす文化と人間意識の変容に取り組んでいたわけである。この本は、後の『グーテンベルクの銀河系』と『メディアの理解』が、メディア技術そのものを分析対象にして「メディア論」と呼ばれるようになったのに対して、『機械の花嫁』が、テレビ登場前のマスメディアのコンテンツの一つである広告の批評であったため、いわゆる「メディア論」の本としては扱いづらく、後の二冊に比べて取り上げられることは少ない。出版当時もあまり話題にならず売れなかった。しかし、この本は、マクルーハンがケンブリッジで学んだ文芸批評の手法を大衆文化の批評に適用した、つまり広告や大衆文化を言語と見なして批評した最初の本として、またマクルーハンの関心がメディアそのものに向かう転機になったという点でも重要である。本は売れなかったが、この本はマスメディアが文化に及ぼす影響に関心をもつ専門家の間では極めて評価は高かった。一九五〇年代前半、ハーバード大学で、『孤独な群衆』の著者デイヴィッド・リースマンの指導を受けていた日本の社会学者・加藤秀俊は、ゼミの参考書として『機械の花嫁』が挙げられていたと書いている（『インターコミュニケーション』No.1）。リースマンはマクルーハンの研究を高く評価していた。『機械の花嫁』はマクルーハンが英文学者からメディア文明論者へ転じるきっかけとなった仕事であった。

『探求 *Explorations*』を創刊

ハロルド・イニスが亡くなった一九五二年、その転機となる出来事があった。フォード財団行動科学部門が学際的な研究グループに高額の助成金を出すという話を聞きつけ、急いで応募用紙を手に入れて、文化人類学者エドマンド・カーペンターとの連名で「言語及び行動のパターン変化とコミュニケーションの新しいメディア」と題した提案書を書いて応募したところ、財団に評価され、二年間四万四〇〇〇ドルの助成金を得ることに成功したのである。

『機械の花嫁』の実績に加え、メディアの変化が広範な社会的、政治的、経済的な変化をもたらすことを説明するため、イニスの残した研究成果が盛り込まれていたことも提案内容に力をもたせた。トロントのメディア研究にイニスの果たした役割は大きい。獲得した資金をもとに、マクルーハンはか

『機械の花嫁』表紙

ねてから構想を温めていたグループの研究成果を発表する場として雑誌『探求 *Explorations*』の発行を始めた。それが参加した研究者をして自身の研究に全力で向かわせ、さらに研究者間の共同研究も活発にさせた。何か面白いことがトロントで起きていると知られるようになり、当時としてはめずらしい学際的な知のネットワークが形成されていった。前述したディヴィッド・リースマン、『機械化の文化史』の建築史家ジークフリート・ギーディオン、心理学者のジャン・ピアジェ、哲学者ジャック・マリタン、経済学者ケネス・E・ボールディング、日本人では仏教学者の鈴木大拙ら、各分野から一流の学者、芸術家が寄稿している。

『探求』の編集の中心になったのは、文化人類学者エドマンド・カーペンターである。米国生まれのカーペンターは、四〇年代後半からトロント大学で文化人類学を教えているときにマクルーハンと出会って意気投合し、共同研究を始めた。カーペンターは、『探求』の共同編集者として紹介されることが多いが、実際は、一号から六号までの編集長 editor はカーペンター一人であり、マクルーハンは、トム・イースターブルック（経済学）、ジャクリーヌ・ティアウィット（都市計画）、カール・ウィリアムズ（心理学）らとともに共同編集者 associated editor の立場であった。

カーペンターは、活力と才能あふれる編集者だった。雑誌の発刊にあたり、北米、ヨーロッパのおよそ三〇人の寄稿候補者に依頼をかけ、そのほとんどから前向きな回答を得た。デザイン、レイアウト、印刷なども非の打ち所がなく、雑誌が平凡なものにならなかったのはカーペンターがいたからであると評価されている。七号と八号はマクルーハンとの共同編集長になっているが、『探求』の編集は、間違いなくカーペンターが仕切っていた。

カーペンターの功績は『探求』の編集にとどまらない。彼のイヌイットの言語と非視覚的な空間認識に関わる実証的な研究は、トロントのコミュニケーション研究に「知覚 perception の探求」という方向性を与えた。二〇世紀半ば、メディアとコミュニケーションに関わる研究は、様々な場所で様々な観点から取り組まれたが、トロントのそれが一際異彩を放っている理由は、メディア技術がもたらす「知覚の変容」を中心テーマとした点にある。「言語」と「知覚」の問題は、大学近くのオンタリオ・ミュージアム（この頃、トロント大学が運営していた）のカフェに集って議論した人々の共通の関心事ではあったが、カーペンターの人類学的、社会科学的なアプローチが、メディア論を「論」らしくした。マクルーハンは「論」は嫌いだったので、メディア論を辛うじて学術的な「論」にしたのはカーペンターの功績である。

カーペンターの「メディア論」への貢献があまり語られることがないのは、マクルーハン理論の中にカーペンターの研究成果がうまく統合されてしまい、カーペンターが言ったこともマクルーハンの言葉として世の中に流布してしまったということがあろう。二人が関心を深く共有し、一心同体の関係であったことが分かる例がある。

英語はマス・メディアである。あらゆる言語はマス・メディアである。映画、ラジオ、テレビの新しいマス・メディアも新しい言語である。ただ、その方法はまだわかっていない。

これはマクルーハンの言葉としてよく紹介されるものだが、上記はマクルーハンの著作からのものではなく、『探求』七号（一九五七年）に掲載されたカーペンターの論文「新しい言語」からの引用である。これはもともと一九五六年に『シカゴ・レヴュー』に二人の共同執筆で掲載された同じタイトルの記事を、カーペンターが加筆して『探求』に掲載したものであった。

この二人に限らず、共同研究の中で出てきたアイディアの所有権は誰のものでもなく、みんなのものという了解が「探求グループ」にはあった。こうしたオープンな雰囲気はマクルーハンがつくったものだろう。それが辺境のカナダを中心にグローバルな知のネットワークが形成された理由である。カーペンターは、マクルーハンよりも一一歳年下ということもあり、マクルーハンが世界的な名声を得てからは、マクルーハンは仰ぎ見る存在だったようだ。竹村の『マクルーハンとの対話』には、マクルーハンの言葉を一言も聞き漏らさないように付き従う高弟カーペンターの姿が描かれている。とはいえ、後年、マクルーハン一人が「メディア論」の栄誉に浴することにカーペンターとしては複雑な気持ちがあったという話も残っている。

『探求』は一九五九年発行の九号まで発行されたが、スポンサーの関係から最後の号はサイズもデザインも八号までとは全く違ったものになっている。初期のハーリー・パーカーのデザインによる『探求』は一九五七年の八号までで終了した。本書（各章扉と四〇ページ）に掲載されている『探求』（一～八号）は、私がトロント滞在中に大学近くの古書店の主人に『探求』が入ったら連絡してくれるように頼み、収集したものである。『探求』の各号の表紙の写真を見るだけで、この時代、この雑誌がいかに斬新でユニークな研究雑誌だったか想像できよう。『探求』は、マスメディアが人間の心理と社会に及ぼす影響について、一流の知性がぶつかり、融合し合う場となり、そこから後の『グーテンベルクの銀河系』、『メディアの理解』につながる構想の多くが生まれた。

この時期までは、文学研究者としてのマクルーハンは、限られたサークル内で知られるに留まっていたが、一九六二年に公刊された『グーテンベルクの銀河系』の成功によって、北米における人文学者としてのマクルーハンの評価は確立した。アルファベットと結びついたグーテンベルクの活版印刷技術が、それまで聴覚的な世界に住んでいた西洋人の知覚と精神をいかにして視覚的に変えていったかを、またそれが電気技術によって逆回転し始めていることを論じたこの本は、カナダで最も権威のあるカナダ総督文学賞（ノンフィクション部門）を受賞した。

もっともこの本は、内容以上にその体裁が話題を呼んだ。章立てがなく、全編がアフォリズムによって詩的に構成され、おびただしい引用と難解で刺激的な言辞が読む人を当惑させるように意図して作られたこの本は、真面目な読者をクタクタにさせはするが、いつしか読者はマクルーハンの議論に引き込まれてしまっている、そういう本である。忍耐力を欠いた読者はそこに辿り着く前に放り出さざるを得ない。この本は伝統的に書物が書物であるために要求された直線的な進行、視点というものを欠いたアンチ・ブックである。

マクルーハンは、西洋はすでに同時場的な電子技術環境に侵食され、西洋人の知覚環境を変えてし

EXPLORATIONS（『探求』）3号の表紙

まっていることを、それゆえ経験が直線的に、因果律的に提示されるものではなくなったことを、「本」の体裁で示そうとした。伝統的な本が透視画法ならこの本は、キュビズムあるいはジャクソン・ポロックのアクション・ペインティングといったところである。視点をもたず、因果関係にも縛られず、偶発的に発生する情報の海をネットサーフィンしている今日のわれわれの姿をこの本は予告していた。

身体の拡張としての多様な「メディア」

エリザベス朝の文学の研究者であったマクルーハンは、エリザベス朝の人たちが経験したこと、すなわち中世から近代への移行期にあって、口誦的な共同体的世界とグーテンベルク技術による線的、個人主義的な世界の間で引き裂かれ宙吊りになってしまっていた彼らの、その逆パターンが今日のわれわれだと言うのである。

近代という書物の綴《とじ》が緩みかけていることを論じたこの本の末尾には、「本書は表音アルファベットと印刷機から生まれた機械的テクノロジーについてだけ論じることが目的だったが、すでに新しい「電気的銀河系」が「グーテンベルクの銀河系」の中に深く入り込んでいる。その研究がわれわれに必要である」として、次の本が予告されていた。二年後、その本『メディアの理解』（一九六四年）がついに世に出た。

「話されることば」「書かれたことば」「電信」「電話」「ラジオ」「テレビ」「写真」「新聞」「漫画」といったいわゆる媒体としてのメディアはもちろん、「衣服」「住宅」「貨幣」「自動車」「兵器」といった道具や技術までもメディアとして取り上げ、その心理的・社会的な影響を分析したこの本は、マスコミ関係者や大企業幹部、アーティスト、クリエイター、エンジニアなど広範な読者の注目を集め、世界中にマクルーハン・ブームを巻き起こすことになった。『メディアの理解』の最初の二つの記事のタイトルになった「メディアはメッセージである」「ホットなメディアとクールなメディア」ほど、人口に膾炙《かいしゃ》された言葉は他にないだろう。

『グーテンベルクの銀河系』（一九六二年）と『メディアの理解』（一九六四年）に挟まれる一九六三年、トロント大学はマクルーハンの研究を支援するために「文化技術センター」を設立した。「マクルーハン詣で」と言われるほど、世界中から訪問者が絶えない場所となった。

一九六七年には「メディアはメッセージ」をもじった『メディアはマッサージ』を出版。この本は翻訳本を含めて世界中で一〇〇万部以上売れ、マクルーハンの著作でもっとも売れた本になった。六八年には文化摩擦と戦争の意味をマクルーハン流に説いた『地球村の戦争と平和 *War and Peace in the Grobal Village*』（クエンティン・フィオーレとの共著）、詩と絵画における空間の再発見を試みた『消失点を突き抜けて *Through the Vanishing Point*』（ハーリー・パーカーとの共著）、六九年には再びパーカーの実験的なタイポグラフィーで装幀した『大反発 *Counterblast*』、一九四三年から一九六二年までのマクルーハンの文芸批評文を収録した『心象風景 *The Interior Landscape: The Literary Criticism of Marshall McLuhan*』、七〇年には『機械の花嫁』の続編にあたる『文化はわれわれのビジネス *Culture Is Our Business*』、言い古された表現（クリシェ）の回復過程を論じた『常套句から元型へ *From Cliché to Archetype*』（ウィルフレッド・ワトソンとの共著）、一九七二年には『今日をつかめ——脱落者としての経営幹部 *Take Today: The Executive as Dropout*』（バリントン・ネビットとの共著）など、それまでの寡作だった状況とは打って変わって、文芸批評から経営指南書まで共著者を頼んでの乱作気味の発行が続いた。

六〇年代後半から七〇年代初頭がマクルーハンの絶頂期だった。日本では、六七年に竹村の『マクルーハンの世界』が出て、翻訳本が出る前にブームが始まった。日本のマクルーハン・ブームは、北米以上だったと言われる。竹村が「よくこれほど書かれたものだ」と呆れるほど、大衆誌から専門誌まで、マクルーハン理論を面白おかしく、時にはこき下ろす記事も書かれた。

一九七〇年代に入ると、あれほど熱狂的に取り上げられたマクルーハンは、次第にマスメディアからは忘れられた存在になっていった。しかし、マクルーハンの研究はその間も長男のエリック・マクルーハンの協力の下に着実に前進していた。出版社から『メディアの理解』の改訂版の依頼があったことから始まった二人の研究は、改訂版の構想を超えて新たな扉が開かれようとしていた。それは、マクルーハンの若き日に格闘した研究課題、西洋の教育の伝統「トリヴィウム（三科）」に遡るものでもあった。しかし仕事が完成する前に一九八〇年一二月三一日、マクルーハンは脳卒中がもとで亡くなってしまい、残された仕事はエリック一人の肩にかかってきた。彼は悪戦苦闘のすえその仕事を完成させ、本は一九八八年『*Laws of Media*』として世に出た。マクルーハンの著作や言葉の背後にある、それまで知られていなかった二四〇〇年の西洋思想史の構造と展開を浮かび上がらせる本となった。

第3章 レトリックとは思考方法の問題である

雑誌『探求』4号表紙

マクルーハンの隠喩（メタファー）

ふつうレトリックと言えば言葉の装飾と思われているが、そうではなく「思考方法」の問題であることは、日本でも三木清がすでに指摘していたことである。

レトリックは言語に関する学であるが、言語と思考とが一つのもの或いは不可分のものである限り、レトリックもまた思考の学の一種と見られてよい筈である。我々は実にそのように考える。レトリックはその本質において単なる雄弁術乃至いわゆる修辞学でなく、言語文章の上の単なる装飾、美化の術ではない。近代の哲学はレトリックの問題を殆ど全く無視もしくは忘却しているが、それはその抽象性と貧困化とを語るものである。哲学は自己の本質を失わないためにここでも自己の端初、即ちギリシア哲学に還らなければならない。ギリシア哲学においては論理学よりもレトリックが寧ろ先位を占めていた。（「レトリックの精神」『哲学ノート』133―134）

本書はまさに、この三木の言葉が道しるべになっている。後述するように、「レトリック」という言葉には拭い去りがたい偏見がこびりついているため、本書では、「レトリック」はあまり使わずその中心技術である「隠喩（メタファー）」で代用している。従って、「隠喩的」と言った場合、隠喩、換喩、提喩などの比喩（転義法）全体、さらにマクルーハンの放ったアフォリズムやアレゴリーといった非演繹的な推論形式やアナロジーを含む場合もある。細かくレトリックを分類定義することが本書の目的ではないし、マクルーハン自身も、隠喩を含む広義の比喩表現、象徴表現を、類推（アナロジー）や帰納と同列の一つの創造的な思索の手段と捉えているということもある。

隠喩という言葉にあまり警戒しないで読み進めてもらうために、隠喩の身近な事例を紹介したい。狭義の隠喩ではないが、隠喩的な思考方法とは何かを感じてもらうための事例である。演芸テレビ番組「笑点」などでよくみる、「AとかけてBと解く」「その心は？」「AもBもCである」といった「なぞかけ」がそれである。AとBは一見なんの関係もないと思えるのだが、Cという共通項によって、AとBが一挙に結びつき、聴衆に「なるほど」と思わせる。不倫を記者に問われた落語家が、「不倫とかけて東京湾を出て行った船と解く」「その心は」「今、コウカイの真っ最中です」と答えたと話題になった。日本語の場合、同音異義語が多いのでこうした語呂合わせ、駄洒落を作りやすい。なぞかけは音の類似で強引につなげるが、音の類似ではなく、関係の類似でつないで説明を省けば本格的な出来の良いメタファーとなる。つまり、隠喩的な思考とはアナロジー思考である。おそらく線的に考えることに慣らされた学識者、活字人間にはこうした言葉遊びは不得意であろうし、好まない人が多いだろう。だが、このばかばかしい「言葉遊び」から何かクリエイティブな感覚を感知できる人もいるはずである。

実は、語呂合わせも西洋の古典レトリックでは「詞喩（パロノマシア）」という比喩の一つに分類されている立派な比喩表現である。語呂合わせ（駄洒落）は、活字文化の中では低俗で、文字どおり「駄作」のジョークの扱いを受けるが、コウショウ文化においては、実はコウショウな遊びなのである。日本の和歌でも、「待つ」と「松」、「聞く」と「菊」、「秋」と「飽き」の掛詞のように、音の類似性を使って楽しむことは、口誦文化においては低俗どころか文化人の教養の一つであった。後述するように、書かれた言葉は、意味が固定され、静止させられるが、音だけに頼る口誦の言葉は、意味が飛び跳ね、曖昧ではあるが意味深な状況をつくり出す。駄洒落（パン）は、アナロジーによる創造的な思考プロセスなのである。駄洒落が飛び交う組織は創造（クリエイション）が生まれ、活字が大量生産される組織は官僚がはびこる。

前述したマクルーハンの「共産主義とかけてなんと解く」「サービスと解く」「その心は？」「どちらも誰も所有しないから」は、まさにこれと同じ思考方法である。「メディアはメッセージ」に世の中が困惑しているその最中に「メディアはマッサージ」と言い、それでも飽き足らず「メディアはマスエイジ Mass-age（大衆の時代）」、さらに「メディアはメスエイジ Mess-age（混乱の時代）」と次々に発して混乱に拍車をかけたマクルーハンとは、そういう人なのである。

線的思考の活字知識人（学識者）たちには、マクルーハンのこうした駄洒落に小ばかにされたと感じて感情的に反応した人も多かった。もちろんマクルーハンのパンは単なる悪ふざけではない。彼が好んだシェイクスピアやJ・ジョイスに倣った言葉の技術である。

心理学者のE・A・ボットの実験が明らかにしたように、聴覚空間は、その中心はどこにもあり、その周縁はどこにもない、完璧な球体である。これは、いうまでもなく、パンの性質である。パンはラテン語の punctum（点）が語源である。パンの要点は、どこにも中心点、あるいは固定した意味上の位置がないことである。点はどこにでもあり、その共鳴は言葉の宇宙に拡大する。E・A・ボットが規定したような聴覚空間は、古代の多くの著述家、とりわけ新プラトン派によって神の定義とされるようになった。中世の多くの著述家たちはこの聖なるロゴスとしての聴覚空間の概念を引き継いだ。カトリック教会はこのパンにごく自然に基礎を置いているのである。われわれの個々の感覚は、それぞれ独自の物理的空間を生じさせる。視覚は空間における連続体を創り出す唯一の感覚である。嗅覚も、運動感覚も、固有受容感覚も、触覚が創り出す空間のどれも連続体を生じさせない。それらはまったくの不連続である。（『*Letters of Marshall McLuhan*』368）

マクルーハンにとって、パンは、文字文化（視覚文化）の線的思考の習性を破り、聴覚空間的な同時性、意味の同時共存性を、一瞬にもたらす技術であった。絵画で言えば、単一消失点を放棄したキュビズムである。パンのもたらす「笑い」こそが意味の共存・同時性の現れである。

竹村もマクルーハンのパンを擁護して書いているが、その中でマクルーハンを批判的に論じたジョナサン・ミラーの言葉を紹介している。ミラーはこう言ったという。「私がマクルーハンの悪文について、ある新聞で批判したら、マクルーハンが手紙を書いてきた。その冒頭に「prose（散文）はもはやアイデアを伝えるための有効な武器ではないことを理解してほしい。pun（語呂合わせ）の手段によって、意図を伝えなければならない。なぜならpunこそアイデアを、一つのイメージに凝縮するのだから」と書いてあった。つまり、マクルーハンは意識的に、彼の文章が破壊されることをねらっているのだよ」（『対話』２００）。

ミラーは結局、マクルーハンの言葉の意味するところが理解できなかったようだが、ミラーが言う

「マクルーハンは意識的に、彼の文章が破壊されることをねらっている」を補足説明するならば、マクルーハンが好んで使った「突破口（ブレイクスルー）としての破壊（ブレイクダウン）」ということである。パンは、通常の言語が抑圧し、麻痺させている何物かを露呈させることでその働きを破壊し、新しい現実把握への突破口になる。マクルーハンは、通常の散文的構文が無意識のうちに押し付けてくるバイアス（固定観念）をパンによって打ち破ることで、言葉を再び活性化させようとしていた。

プローブは禅の公案

マクルーハンは自身の研究スタイルについてこう語っている。

環境の理解においては、思考と知覚の「方法」が実際の思想の内容よりもはるかに重要である。『メディアの理解』は、まさに分析と知覚のための一揃いのツールである。それは発見の仕事に取りかかるためのものである。それは完結した仕事ではなく、実践利用を意図したものである。私のメディアに関する仕事のほとんどは金庫破りみたいなもので、始める前には中に何が入っているのか知らない。私はただ問題の前に身を置き、仕事に取りかかるだけである。錠のはじき金が回って金庫の中に入るまで、私は手探りし、探査し、耳をそばだて、検証する。それが、私があらゆる種類のメディアに対処するときの方法である。（『*The Book of Probes*』416）

マクルーハンのスタイルは、対象を離れて客観的に分析するのではなく、対象に密着し、まさに金庫破りのように全身感覚を動員して対象に迫るやり方である。概念的理解ではなく、知覚による洞察の方法である。マクルーハンは、対象を一人洞察するのではなく、そのプロセスを非連続的で断片的なフレーズとして読者に投げかけ、読者をさらなる洞察に誘《いざな》った。マクルーハンはその手法を「プローブ（探索）」と呼んだ。前述したパンも「プローブ」の一つである。

プローブは、文明化が進む前の、神話、魔術、警句などを含む古代の詩学に属するものである。論文は詳述し、説明し、納得を得ようとする。プローブは暴き、刺衝し、挑発し、発見を引き出す。神話は、過去何世紀にわたって起きた複雑な社会の歩みを簡潔に述べたものである。神話がそうであるように、プローブは深い思索の道具である。ただ単に卓抜した言説よりも、プローブは形式および状況を並置させ、読者と使用者《ユーザー》を認知と洞察に駆り立てる。（『*The Book of Probes*』413）

「状況を並置させる」とは、象徴詩が使う並置（ジャクスタポジション）の手法のことである。例えば日本の俳句は矛盾をはらんだ対照的なものを並置させ、論理のつながりも不明確ながら読者の想像力がその非連続の隙間を埋めることで詩全体の統合がなされる。マクルーハンとエドマンド・カーペンターが編集責任者であった雑誌『探求 *Explorations*』に寄稿した唯一の日本人は鈴木大拙であるが、その論文のタイトルは「仏教における象徴主義」であった。大拙は、芭蕉の「古池や　蛙飛び込

む　水の音」を引用しながら、俳句の象徴表現について語っている。この芭蕉の名句は、古池「に」ではなく、古池「や」にすることによって、句の直線的な連結を避け、古池の「静」と蛙の飛び込む「動」が対置されている。

古池はまわりのものを静かに映している水の容れ物にとどまっているかぎり、そこにはなんら生命がない。それがリアリティを確認するには、そこから音が生じなくてはならない。一匹の蛙がとび込む。すると古池はダイナミックになり、生命に満ちたものとなり、知覚能力をそなえた存在たるわれわれにとって意味をもつものとなるのである。……いやこれはこういった方がよい。ある日、芭蕉という人がその場所に来て、「水の音」を耳にしたとき、はじめてその蛙、池等々の客観世界すべてが存在したのである。まさにそのときまで、その場面は存在しなかったのである。その価値が芭蕉に認識されたとき、それは芭蕉にとって、一つの客観世界の開始もしくは創造だったのである。……われわれは花を象徴としてみて、リアリティそのものとしてはみないのである。仏教徒にとって存在は意味である。存在と意味とは一つであって分離できない。分離あるいは分岐は知的作用から生じる。そして知的作用は事物の無我を損なうのである。（『マクルーハン理論』232―237／『探求』五号）

並列と対比によって実に多くのことが象徴的に表現できるのである。トロントにいたとき、マクルーハン・プログラム副所長のリス・ジェフリー博士に「マクルーハニズムと禅」の関係を研究したいのだがアドバイスをくれないか、と言われてなんとも困ったことがあった。当時、禅とマクルーハニズムの関係など思いもよらなかったし、そもそも禅についての知識もなかった。博士には何の協力もできなかったが、改めて禅とマクルーハニズムの類似性を考察してみよう。マクルーハンはこう書いている。

> 「内」の世界あるいは「外」の世界という考え方が反映しているものは、容れ物としての視覚空間であった。アルファベット以前には「外部世界」はなかった。外部と内部の明確な区別はなく、あったのは存在様式の変容的な流動体だけであった。個人的なアイデンティティは唯我論によってその極限まであるいは崩壊点まで押しやられるから、唯我論とは、集団のスケールで言えば部族精神と呼ばれるものとなる。電気技術の地を通じて聴覚空間が戻ってきたことで、内部と外部を疎隔し分離する視覚形式は解体した。最初の反応が、唯我主義である。（抽象的な）「外部世界」などない――「現実」なんてすべて幻想だ――から「他者」が難題になるのだ。唯我主義は概念《コンセプト》を使っているかのようにみせながら、実は知覚内容《パーセプト》を使っている。唯我主義が現代言語学や哲学に浸透してきたように見えるのはそのためである。（M3／82）

マクルーハンが東洋思想に関心を持つようになったのは、禅仏教のもつ象徴主義的世界観が、電気技術によってもたらされる直感的、アナロジカルな認識世界に酷似していたからであろう。象徴的というのは、言語的に表現するなら比喩である。禅はそれを言葉を用いずに表現しようとする。仏教学者・鈴木大拙（一八七〇～一九六六）は、禅の「認識論」について次のように語っている。

> 言葉に出すと、何もかも抽象化し概念化し、一般化する憂いがある。禅はこれを嫌う。それで禅は言葉に訴えることを避ける。……東洋的心理は何事も内に向けようとする。東洋人は大体にイントロヴォルト〔内向的人間〕だ。西洋人はエキストロヴォルト〔外向的人間〕だ。それで彼らの好奇心・研究心は外へ外へと向かってゆく。ひろがってゆく。内側の方は、お構いなしというくらい閑却している。外は広い、内は深い。……存在といえば、いつも空間の存在の義に考えられて、時間を入れない。しかし実際は空と時を分けるわけにいかないのである。空と時を合わせて「一念」というほうがよい。here-now が、それである。……西洋の人々は、物が二つ《ダイコトミイ》に分かれてからの世界に腰をすえて、それから物事を考える。東洋は大体これに反して、物のまだ二分しないところから、考えはじめる。……ある意味で、東洋的考え方というのは、詩的にいうので、論理的思惟でない。禅は詩である。人生そのものも詩である。真実は「理」法でない、「詩」的である。……天上天下知っているものは、「唯自分だけだ」というところに、東洋的「認識論」ともいうべきものがある。それは一種の solipsism〔独我論〕だと非難せられるもしれぬ。……ここに東洋的考え方、感じ方の本質があると自分は主張する。（『新編 東洋的な見方』17、58、72、１６６、１９３、１９４）

大拙が批判している西洋思想は、主としてプロテスタント的世界観であり、禅を西洋文明の行き詰まりを打破する世界思想として広めようと終生努めた。マクルーハンもまた、印刷技術によって強化されたプロテスタント的分析的精神が築いた西洋近代は、同時的・包括的エレクトロニクス技術によって崩壊寸前にあり、カトリック的総合的精神がそれに取って代わると考えていた。マクルーハンは、禅にカトリック精神と通ずるものを見出していたであろう。カトリックは、印刷技術に侵食される以前の聴覚的な詩的言語世界を理想とし、禅は、さらに遡って言葉が発せられる以前の直感的な認知（悟り）を究極とする。

公案ということがあるが、どういうことを目的にして初めは出来たのであるかというと、今いうわれわれの意識下の生活へ、普通に働いている意識を追い込もうとするものである。つまり自力というものを捨てさせるというのである。これは自力を悪いというのではないが、公案を（浄土）真宗的に説明するとこういってもよかろう。それで第一、公案というものの出来方は、普通の意識の働きを動かさぬように出来ている。普通の意識の働きというものは、二元的に出来ている。われわれの意識の自覚ということは、覚するものと覚せらるるものと対立している。ここに意識というものが実際に行なわれるのである。しかしこの覚するものと覚せらるるものとが、一つになった世界にはいらないと神秘的経験というものができないのである。そこで、これに追い込む方便として、この二つになっているものを、二つにならぬようにする方法を考えなければならぬ。この方法が公案というものである。その公案の初めの作り方は論理の働きができないようになっているのである。（『禅とは何か』117—118）

つまり禅におけるプローブが公案なのである。このプローブが公案だというのは、私の新説などではなく、すでに六〇年代のマクルーハン・ブームのときに、流通経済学の権威であった林周二東大教授が指摘していたことである。林教授は、マクルーハニズムを「電波禅」と風情ある喩えで呼んでいる。

もともと禅の公案（禅宗で悟道のために与えて工夫させる問題）などというものは、一義的な解釈の余地しかないものではなく、さまざまな解釈の可能性が許される。ある老師が弟子たちの面前で、公案に大きな丸を書いてみせたところ、ある弟子はそれをみて、老師は〝円満であれ〟といわれたと解き、他の弟子は、老師は〝太陽のように仰がれる人たれ〟といわれたと解き、さらに別の弟子は、老師は〝考えるよりも饅頭でも食うがまし〟と解いて、さっさと台所へ行ってしまった。どれが正解で、どれが誤解というわけでもない。要するに一つの公案は、思索のためのきっかけに過ぎないのである。……公案はなるべく多くの人びとに多義的な悟道の可能性を与えるものであることが望ましい。とりわけ求道苦悩の士に頓悟の途を拓くものであることが願わしい。その点ではマ氏の有名な〝ホット〟〝クール〟の概念などは、禅の公案に似ている。象徴的である。多勢の凡俗・知者がこれをみて「ホットとはこういう意味なのだ、いや、ああいう意味なのだ」といいあっている。恐らくは、いずれもが正しく、また、いずれもが十分に正しくはないのであろう。マクルーハン老師は、多くの弟子たちがマ氏の公案をめぐって、がやがやいいあっているのを見て、さぞやご満悦のことであろう。マ老師は目的を達したのである。彼自身が意図的であったかどうかは別として。英文学者としてのマ老師は、電波時代の公案提唱の名手であるように私には見える。彼の書物は、電波禅の「碧巌録」である。そこでの公案の文章がいわゆる学問的吟味に耐えるものでないことはもちろんであるにしても、これを禅的公案の類とみるならば、その現代的な意義は大きいかもしれぬ。(「マクルーハン私観——多義的解釈の可能性ある〝電波禅〟」／『電通報』一九六七年一〇月二一日号)

線的思考を逃れるアフォリズム

「テレビは触覚メディアである」、「メディアは身体の拡張である」、「西洋は電気によって再び部族化する」、「電気の光は純粋な情報である」、「お金は貧乏人のクレジットカードである」、「上手くいっているなら、それはもう時代遅れだ」、「発明は必要の母である」、「未来の未来は現在にある」、「利用者《ユーザー》がコンテンツである」。

プローブは、論理学者にとってはノンセンスである。だがノンセンスにも意味がないわけではない。ノンセンスが無意味《ノンセンス》でないことは、詩的言語の回復を主張したエリザベス・シューエルが説明している。「ノンセンスは矛盾、つまりゲームのルールを破るものという形をとる。この論理ゲームは完全に知的かつ抽象的なゲームであって、その領域の外にあるセンスおよびノンセンスについては、何ひとつはっきり言うことができない」(『ノンセンスの領域』16)。マクルーハンは詩的プローブを使って、論理的、線的思考を避けることで知覚による認識を呼び覚まし、不条理《ノンセンス》の領域に分け入ろうとしたわけだが、その方法は当然のごとく識者の評判は悪かった。マクルーハンの誇張と逆説と隠喩に富んだ論述スタイルは、生涯「言葉」の拠り所としたジェイムズ・ジョイス、マニトバ大学の頃からお気に入りだったG・K・チェスタートン、博士論文のテーマであったトマス・ナッシュなどの影響を挙げることができるが、さらに次の二人も加えることができよう。

一人は、「知識は力なり」という言葉や「イドラ」の概念で知られるルネサンス期の哲学者（後述するが、彼は「哲学者」ではない）フランシス・ベーコン（一五六一～一六二六）である。ベーコンは、「体系的な記述は一種の循環的あるいは相互的証明の方法をとるため、安心を与え、同意や信用を得るには適しているが上辺だけの学問である。それに対して、アフォリズム式のものは、例証も、実例も、脈絡と順序も、実際の応用の説明も省かれ、断片的な知識だけを示すので、人々をいっそう深く探求に誘う」（『学問の進歩』242―243を要約）と言った。マクルーハン用語で言えば、体系的記述はホット、アフォリズムはクールである。

フランシス・ベーコンは熱い散文と冷たい散文を対照させることに倦むことがなかった。「方法」に則って書いたもの、すなわち完全に仕立てあげられたものを、警句で書いたもの、すなわち「報復は一種の野蛮な正義である」というような単一の観察と、対照させてみせた。受動的な消費者は完成品を求めるけれども、知を追い因を求める者は警句に赴くのではないか。そうベーコンは言うのであった。警句は不完全であり、深いところで参加を求めるからに他ならない。（M2／33）

マクルーハンの「プローブ」はベーコンのアフォリズムの方法を踏襲したものである。体系的な記述では、一つの視点からしか世界を観ることができないうえ、論理的に隙間なく説明が尽くされ参入の余地がない。アフォリズムにおいては、あらゆる角度から同時にアプローチすることができ、説明不足ゆえにまだ埋めるべき隙間が残されている。特に反語的で矛盾し合うアフォリズムは、線的思考の言語を解体し、脱構築化する。字義通りの意味の回路をふさがれた読者は、想像力を働かせ、より高次の意味のレベルに到達しようとする。マクルーハニズムとはこうした暗示的なコミュニケーションによる洞察を言うが、前述したように、「暗示」の効果は、能や禅、俳句などわれわれ日本文化に古くからあるものである。

言葉で意味を満たすことを避ける日本文化

日本は「ことばの説明」で満たさない国である。言葉で定義することは憚《はばか》られ、何事も「あいまい」なまま置かれる。大事なことほど遠まわしに表現される。文化人類学者エドワード・T・ホールの説に従えば、日本は高コンテキストの国であるため、話し手に説明責任は求められない。コミュニケーションは、コンテキスト（文脈）の共有を前提として、聞き手の想像力が問われる。しかし、コンテキストを共有しない異文化の人とのコミュニケーションはすべて言葉で埋めていく必要があるため、日本人のコミュニケーション下手が露呈することになる。

こういうことを言うのはホールだけではない。フランスの哲学者ロラン・バルトも言っている。西洋世界が「意味の国」であるのに対し、日本は「記号の国」、すなわち「表徴の帝国」であると。日本では、言葉で意味を満たすことを避けることによって、すなわち意味をぼやかし暗示することによって、独自の文化を築いてきた。日本文化を語るとき欠かせないキイワードとなっている「間《ま》」も、まさにそうした高コンテキストの文化が反映されたものである。そこは何もない空っぽの空間ではなく、暗示と諸感覚の相互作用に満たされた空間である。

> 西洋では、ものの配置を知覚し、それに反応するように、そして空間は「空虚」だと考えるように教えられている。このことの意味は日本人と比較したとき明らかになる。日本人は空間に意味を与えるように——空間の形と配置を知覚するように——訓練されている。このことを表わすことばがマ（間）である。このマ、すなわち間隔、が日本人のあらゆる空間経験における基礎的な建築上の区切りなのである。これは生花において働いているのみでなく、他のあらゆる空間の配置でもかくれた配慮となって作用している。日本人はマを扱い配置するのにきわめて熟達しており、欧米人に感嘆と、ときには畏敬をさえ、ひきおこさせるのである。……日本人が庭を作るのに巧みな理由の一つは、彼らは空間の知覚に視覚ばかりでなく、その他あらゆる感覚を用いることにある。嗅覚、温度の変化、湿度、光、影、色などが協同して、身体全体を感覚器官として用いるように促がす。ルネッサンスとバロックの画家の単一点《シングル・ポイント》遠近法に対して、日本の庭は多くの視点から眺められるように設計してある。（ホール『かくれた次元』211—212）

日本で西洋のような緻密な写実が生まれなかったことも同じ理由であろう。西洋の写実には想像力が入り込む余地がない。日本的美意識の欧米への紹介者、岡倉覚三（天心）は、西洋人の家に招かれたとき、主人の後ろの壁に本人の肖像画がかけられていて、そのうち本人と肖像画のどちらが本物なのか分からなくなったと揶揄《やゆ》していた。西洋人は言葉にしろ空間にしろ、隙間《すきま》は埋めないと気がすまないのだろう。西洋の美術館に行くと壁一面にこれでもかというくらいに名画がかけられていて、最初は感嘆・驚嘆するのだが二部屋目からは辟易《へきへき》するものである。一方、日本の芸術について岡倉はこう解説している。

芸術においても同一原理の重要なことが暗示の価値によってわかる。何物かを表わさずにおくところに、見る者はその考えを完成する機会が与えられる。かようにして大傑作は人の心を強くひきつけてついには人が実際にその作品の一部分となるように思われる。虚は美的感情の極致までも入って満たせとばかりに人を待っている。（『茶の本』46）

竹村健一が言うように、マクルーハニズムを通じて、日本文化を再発見することの意義は小さくない。日本文化とは、すなわち「暗示のコミュニケーション」、「クールなコミュニケーション」である。国が「クール・ジャパン」を声高に叫んでいては西洋流の過剰な「ホット・ジャパン」に反転してしまう。

マクルーハンの文体に影響を与えたもう一人は、前述したハロルド・イニスである。イニスは、

『コミュニケーションのバイアス』（一九五一年、邦訳『メディアの文明史』）で、新しいコミュニケーション技術を制した者が、次の社会のヘゲモニーを握ることを、息もつかせない勢いで例証していく。

パピルスと毛筆の使用の増大は、行書体神聖文字《ヒエラティック》の発達と専門の書記職の出現を伴ってきた。書くことと考えることが世俗化された。書くことと読むことの普及に伴って行政は拡張された。石碑の使用からパピルスの使用への変遷のうちに含意されている社会革命と、また神官階級の重要性の増大とは、エジプト文明に多大な疲労を強い、そして有効な攻撃兵器を装備した侵略者たちの侵入にエジプト文明をさらすままにした。ヒクソス人すなわち〈牧羊者の王〉たちは、前一六六〇年から一五八〇年までエジプトを略奪し占拠した。エジプトの文化的原理の力が容易に〔エジプトの〕再組織化を可能にし、動員された資力が侵略者の駆逐に振り向けられた。馬と軽快な四本スポークの戦車の導入は、エジプトの統治者にヒクソスを追い払うことを可能にしただけでなく、広大な新しい領土を征服して帝国をうち建てることをも可能にした。（『メディアの文明史』48—49）

こうした文と文をつなぐ連結詞がない断言調の記述が延々と続く本書は、歴史書としてはもちろん、通常の意味での学術書の形式からはかけ離れたものであった。連結詞を用いずに並置させる象徴詩の技法とも言えるが、不正確な記述があるとか、論拠が明確でないとか、学術書の形式を満たしていないとか、後にマクルーハンが受けた批判と同類の批判をイニスも受けている。マクルーハンは、イニスのこの文体について、一九六四年版の『コミュニケーションのバイアス』の序文でこうべた褒めしている。

イニスが、私の著作に注意を向けてくれたことに気をよくし、私は初めて彼の著作を読んだ。この著作の最初の論文「ミネルバの梟」から読み始めたのは、幸運だった。その一つ一つの句が、長い瞑想と探求を誘うような書き手とめぐり合うことは何と心躍ることだろう。「アレキサンドリアは、科学と哲学の結びつきを断ち切った。図書館はエジプトの神官の影響を打ち消すための帝国の道具だった」。

彼の望むような読み方をすれば、イニスの本を読むのは時間がかかる。彼の本が、彼が望むような読み方をするに値するということは、そのような試みを一度しただけで明らかになる。そのように読むならば、時間がかかるが、時間の節約にもなる。文の一つ一つが圧縮された論文なのだ。彼は、各頁に一つの小さな図書館を入れ、これに加えて、まさしく同じ頁に、参考文献の小さな図書館も組み入れている。教師のすべきことが、学生のために時間を省くことだとすれば、イニスは記録に残る限りで最高の教師だ。前に引用したばかりの二つの文が、帝国と図書館と神官の構造的な性質と機能ばかりか、科学と哲学の特定の構造的形態についての意識を、包含し、起こさせる。ほとんどの書き手は、哲学、科学、図書館、帝国、宗教の内容について記述することに汲々としている。イニスは、そうしないで、それらの相互作用のなかで、これらの構造が振

るう権力の形式について考えさせる。(『エッセンシャル・マクルーハン』93―94の翻訳を利用)

マクルーハンの説明嫌いは有名だが、それは彼が意図した文体の戦略である。マクルーハンは、しばしばステファヌ・マラルメの「定義することは殺すこと、暗示することは創造すること」を引用しているが、説明する、定義するとは、「概念の言葉」で語ることである。マクルーハンの投げかけた「知覚の言葉」、「インスピレーションの言葉」を「概念の言葉」に翻訳してしまったら、読者の能動的な参加を妨げてしまう。

マクルーハンの教え子だったドナルド・シールが、後にメディア論に関する初めての本を出そうとしたとき、原稿を見たマクルーハンがシールに宛てた手紙(マクルーハンは、この手紙を結局送らなかった)にはこう書いてあった。「ドン、君は私をあまりに〝真面目に〟捉えすぎている。私が熱中していることの過程を分類し、品評しようとするより、発見の探求に参加する方がずっと楽しいのだよ。君はある意味、私をアカデミーに居座る重鎮に翻訳しようとしている」。探偵小説を読むとき、読者は共同作者として参加するが、それは実に多くのことが物語から省略されているからに他ならない。プローブは完成品ではなく、すべて過程であり、後続の研究を刺激するものなのである。

「マーシャル・マクルーハンさん、あんたいったい何してるんだい?」というフレーズが、六〇年代のアメリカで一つのジョークになるほど、マクルーハンのことばを概念的に理解するのは容易ではなかった。だが、著名なジャーナリストにして作家のトム・ウルフ(映画化された宇宙飛行に挑む戦闘機パイロットを描いた小説『ライトスタッフ』の作者)が「もしマクルーハンが正しかったら?」という記事を『ニューヨーク・ヘラルド・トリビューン』紙に書いたことに象徴されるように、何か新しい発見がマクルーハンの言葉にあると直感的に感じた人が多かったからこそ、そうしたジョークが成り立ち、その後、「マクルーハンの理解」のための書籍、論文がそれこそ山のように書かれたのである。マクルーハンが用意した探索（プローブ）の道はいまだ続いている。

ドラッカーとの対話――啓示の瞬間

マクルーハンにとって他者との「対話」もまたプローブであった。相手に問いかける対話によって、散文的・説明的な連続性、直線性は打ち破られ、物事を様々な角度から一度に取り扱うことができる。マクルーハンが「対話」というプローブを通じて新しい現実を「見た」ときの様子が書かれている貴重な本がある。ピーター・ドラッカーの『傍観者の時代』である。

ドラッカーは、一九四〇年頃、ある学会で、無名の英語教師だったマクルーハンが「活版印刷が知識とすべきものを規定した」、「近代の世界観をもたらしたものは、コペルニクスやコロンブスではなく、活版印刷だった」と論じたのを聞いたとき、他の聴衆と同じく理解できなかった。グーテンベルクの発明のはるか昔から中国で活版印刷は使われていたが、中国ではマクルーハンの言ったことは何も起こっていなかった。しかし、ドラッカーは、マクルーハンの言うことには「何かある」と思っていた。その頃、ドラッカーもまた、テクノロジーと社会、テクノロジーと文化の関係に関心を持ち始めていた。マクルーハンに興味を持ったドラッカーは、折があればニューヨークの自分の自宅に立ち寄るように招待した。

彼は、いつも自分の考えていることだけに夢中になってはいたものの、楽しい客だった。しかし、二〇年以上に及ぶ付き合いの中で、一度たりとも、私が何をしているのかを尋ねたこともなければ、私の説明を聞いたこともなかったと思う。彼もまた、彼自身のことについては一度も話したことはなかった。いつも、彼は考えていることについて話した。いつも、妙なことばかり考えていた。彼は実によくわが家に立ち寄った。ほとんどあるいはまったく予告なしに、訪ねてきた。そして、ある夏の嵐と雷の真夜中の一時、彼はニュージャージーの私たちの家の呼び鈴を鳴らした。びしょ濡れの彼がにこにこ立っていた。「いや、近くに用があってね」といった。「マーシャル、どうして電話してくれなかったんだ」「君もドリスも、こんな夜外出するような人じゃないよ」。天気の話はそこまでだった。すぐに彼は考えていることを話し始めた。朝食まで話し続けた。彼がわが家に立ち寄って彼に見えるものについて話をしたのは、この夜が最後となった。あの一九六〇年代初めの六月の夜、ついに彼は啓示を受けたのだった。あの夜、彼は自分が話し続けてきたものの全貌を目にしたのだった。それを告げたくてわが家に駆けつけたのだった。その夜彼が語ったことは、彼の最も重要にして明晰かつユニークな著作、『グーテンベルクの銀河系』として世に出た。クールなメディアとホットなメディアについて論じ、世界の部族化について論じた『メディア論』はその二年後に出た。そして後者が彼を有名にした。だがその頃には、相変わらず友人ではあったものの、わが家に立ち寄ることはなくなっていた。あの嵐の夜、マクルーハンは約束の地を見つけたのだった。その後はもう聞き手は必要としなかった。私たちが頻繁に会っていた二〇年以上に及ぶ間、彼もまた、（バックミンスター・）フラーと同様見る人、知覚の人ではあったが、見るべきものは見えていなかった。何を見なければならないかはわかっていた。しかし、それを見ることはできなかった。その間彼は、目覚めなければならないことを知りながら、夢から覚めることのできない思いにあったに違いない。（『傍観者の時代』295―296）

事象の裏にある「見えないもの」を見る

ドラッカーを読んでいるうちに、どこかマクルーハンと通じるものを感じた。一方は、難解な文章で知られるメディア論の泰斗、他方は世界中の企業経営者・ビジネスマンをファンに持つ経営コンサルタント。文体も、問題にしている対象も違っているように見えたが、よくよく考えれば、ともに二〇世紀後半の技術革新と人間社会（前者は文化、後者は組織だが）を扱っていた。だが「似ている」と感じたのはそういうことではない。他にも来たるべき情報社会を論じた社会学者、未来学者もいたが、そうした学者たちと二人のアプローチは明らかに違っていた。二人は、論じている対象や目的は違えど「見ているもの」が同じなのだ。ともにある事象をそのまま扱うのではなく、事象の裏にある「見えないもの」を見ようとしていた。

ドラッカーは、「社会現象においては、一方の極の一〇％からせいぜい二〇％というごく少数のトップの事象が成果の九〇％を占め、残りの大多数の事象は成果の一〇％を占めるにすぎない」（『創造する経営者』11）と言った。ドラッカーは、業績とコストは関係ないこと、業績は利益と、コストは作業の量と比例すること、多くの組織がその資源と活動を、業績にほとんど貢献しない九〇％の作業に使っていることを指摘した。ほとんど注意を払われない一〇％に成果を上げる大きなチャンスがあると説いた。ドラッカーは、組織の運営者が見ているようで見ていないものを指摘していた。

ピーター・ドラッカーは『技術と文化』（一九六一年発行、第二巻第四号、三四八頁）のなかで、われわれの時代の「技術革命」について次のように述べている。「技術革命について、これまでどうも明らかでなかった点がひとつある。それはこの点が明らかにならないかぎり技術革命についての真の理解が得られないほど重要な点だ。つまり、それは技術革新を解き放つことになった変化、人間の姿勢や信念や価値観における基本的な変化が生ずるために、その前に一体何が起ったのか、ということである。いわゆる科学の発達それ自体は、わたしがこれまで示そうと試みてきたように、この根本的変革とはほとんど関係をもたなかった。しかしながら技術革新に先立つこと一世紀前に、一大科学革命をもたらした世界観における一大変革のほうは、どのくらい［今日の技術革命に対して］責任をもつものであろうか。」本書『グーテンベルクの銀河系』は少くともドラッカーのいう「これまでどうも明らかでなかった点」が何であるかを解き明かす試みである。（M1／5—6）

ほとんどの人が一七世紀の科学革命・技術革命は見ていたが、それに先立つ人間の変化は見ていなかった。だが二人はそれを見ようとしていた。ドラッカーもマクルーハンも、図ではなく地を、動力因 efficient cause ではなく形相因 formal cause を見ていた。ドラッカーの『傍観者の時代』を読んで、二人が一九四〇年代から深い交流があったことを知り、英語圏知識人サークルの濃密さに驚かされた。マクルーハンのグーテンベルク技術や技術一般に対する見方に影響を受けたドラッカーは、後にこう書いている。

近代技術は一五世紀の半ばに活版印刷とともに生まれた。人類は仕事に道具を使って以来技術を手にしていたが、人類の歴史において技術が主役の座を得たのは、活版印刷の発明によってだった。そのとき、ヨーロッパが抜きんでた存在となり西洋と呼ばれるものになった。わずか二〇〇年のうちに、西洋による世界制覇を可能にしたものが近代技術だった。活版印刷の発明は、書物の大量生産をもたらし、社会を一新し、文明を生んだ。印刷本の出現こそ真の情報革命だった。近代を生んだものは蒸気機関ではなくこの印刷本だった。人類の歴史において一度も想像されたことのないもの、すなわち経済発展なるものを生んだのも、この印刷本だった。（『テクノロジストの条件』冒頭）

技術とは、自然に関するものではない。人間のものである。またそれは、たんなる道具に関するものでもない。人がいかに働くかに関するものである。さらに、技術とは、人がいかに生き、いかに考えるかにかかわることである。チャールズ・ダーウィンとともに進化論を唱えたアルフレッド・ラッセル・ウォーリスは、「人間は、自ら道具をつくることができるがゆえに、方向づけと目的意識を伴った進化をなしうる唯一の動物である」と言った。そしてまさに、技術は人間の延長であるがゆえに、その基本的な変化は、つねに、人間の世界観の変化をもたらす。技術の変化は、人間の価値観を変えていく。(『新しい現実』378―379)

マクルーハンとドラッカーの親近性は、もっと研究されるべきテーマであると思っていたが、すでに二人の関係を論じた日本語の論文をネットで見つけて、オッと思ったものである。その論文は井坂康志の「P・F・ドラッカーにおける文明と技術――メディア論的接近」(『文明とマネジメント』Vol.3)である。ドラッカーのマネジメント論は、二〇世紀の技術と知識をいかに企業・団体組織の中で働く人間の「成果」に結び付けるかを問い続けるものだった。井坂によれば、ドラッカーの技術観は、一貫して西洋の近代合理主義への批判的視座に貫かれており、それには人間社会を尊重する彼の価値判断が明瞭に示されているという。

彼の著作を読めば分かるとおり、彼が企業の技術革新《イノベーション》を語るとき、必ずそこには「人間」が主役にいた。技術は効率や生産増大のためではなく、「人がいかに働くか」のものであった。知識も同じである。知識は本に書かれているが、本にあるだけでは、データあるいは情報にすぎない。情報は、人間が何かを行うために使われて初めて知識になる。

こうしたドラッカーの技術観・知識観に決定的な影響を与えたのが、技術を人間の身体機能の拡張としてみるマクルーハンの「メディア論」であったと井坂はいう。マクルーハンのいう技術やメディアとは、人間が創り出した概念を含む人工物《アーティファクト》にまで拡張したものである。

マクルーハンは、「人工物はすべて人間が発したもの（utterances）、外化したもの（outerings）であり、そうだとすれば、言語学的・修辞学的な存在である。同時に、人間のつくったあらゆる技術の語源は人間の身体それ自身のなかに見出されるべきもののはずである。技術は身体あるいはその一部の、いわば人工補綴《ほてつ》装置、突然変異体、隠喩《メタファー》である」（Ｍ３／１７６）と言っている。技術を人間の延長としてみれば、技術の導入・技術の革新は、人間の思考と生の問題として扱わねばならない。同時にそれは社会と文化に関わるものになる。そうしたものとして書かれたドラッカーの著作はどんなに技術環境が変わろうとも古びることはないだろう。

知覚による認識の重要性

ドラッカーの特徴のもう一つが「知覚の重要性」を説く点にある。多くの未来学者のいう「知識社会」とは、高度な専門的な知識が企業や個人の優勝劣敗を決めることを説くが、知覚を「知」として捉えることはしない。ドラッカーは、知覚による認識の重要性について、こう書いている。

外の世界における真に重要なことは趨勢ではない。趨勢の変化である。この外の変化が組織とその努力の成功と失敗を決定する。しかもそのような変化は知覚するものであって、定量化したり、定義したり、分類したりするものではない。分類によって数字は得られるが、そのような数字は現実の状況を反映していない。コンピュータは論理の機械である。それが強みであり弱みである。外の重要なことは、コンピュータをはじめとする何らかのシステムが処理できるような形では把握できない。これに対し、人は論理的には優れていないが知覚的な存在である。まさにそれが強みである。(『経営者の条件』36)

井坂は、ドラッカーの技術観が「知覚の重視」にあることを指摘したうえで、彼の知識概念には二種類の知、すなわち「命題知」と「方法知」があり、西洋哲学は前者を追求し、ひいては近代合理主義の要諦を構成した知識としたが、後者はその過程で知識の名に値せぬものとして抑圧・排除されてきた。ドラッカーの『断絶の時代』で強調された「知識社会」は、後者を主としつつ、新たな次元での体系化を志向するものだった、としている。

さらにもう一点、教育の在り方についてのドラッカーの考え方にも触れておこう。マクルーハンの技術を人間の中枢神経の拡張とする見方に示唆を受けたドラッカーは、メディア技術が教育に与える影響について、教える側からではなく学ぶ側の視点から論ずるべきとして、こう書いている。

新しい技術がそのような変革(学校が生徒にもっとも適した学び方を示すこと)を必然的なものとしている。なぜならば、教育にかかわりのある新しい技術は、教えることに関するものではなく、学ぶことに関するものだからである。四〇年前、カナダのマーシャル・マクルーハンによって、はじめて指摘されたように、中世の大学を変えたものは、ルネッサンスではない。印刷された教本だった。……印刷された教本が一五世紀の教育におけるハイテクであったように、二〇世紀の教育におけるハイテクは、コンピュータや、テレビや、ビデオである。……一五世紀や一六世紀には、印刷された教本が、学校の先生たちの排斥の的となった。印刷された教本の勝利が決定的となったのは、一七世紀に入ってからのことである。それは印刷された教本を使って、イエズス会やコメニウスが近代的な学校をつくったときである。印刷された教本は、学校の教え方を根本的に変えた。それまでは、学習とは、原本を写すか、講義を聞いて復唱することだった。しかるに突然、教本を読むことによって学習することが可能となった。(『新しい現実』361―362)

今日、学校は子供たちに「知識・情報」を与える場ではなくなった。知識は教室の外に、ネット空間に溢れている。マクルーハンはそのことを「Classroom without Walls」(一九六〇年)という小論と、『*City as a Classroom*』(一九七七年)という小著にまとめた。教師に求められているのは「知識」の提供ではなく新たな時代の「学習法」を示すことである。マクルーハンは、それを「いま気づいていないこととは何か」という問いを発すること、であると言っている。習慣と文化に隠れて見えなくなっている深層の現実を浮かび上がらせることが「学ぶ」ことであり、そのために学校がすべきことは子供の知的好奇心の喚起であるというのが教育者マクルーハンの一貫した主張であった。マクルーハンの師I・A・リチャーズも同じことをこう言っている。

知性は興味の付属物であって、興味がより具合よく自己調節をおこなうための手段である。また

活版印刷の発明は、最初の、均質にして反復可能な商品であり、最初の組み立てライン、最初の大量生産方式であった

知性は人間に著しい能力ではあるが、人間は第一義的に知的存在ではない。彼は興味の組織である。理知は人間を助けることはあっても、動かすことはないのである。(『科学と詩』31)

好奇心が人を洞察へと駆り立てることは、マクルーハン自身が良い例である。前述したドラッカーとの逸話以外にも、マクルーハンと親交のあった心理学者のカール・ウィリアムズ、物理学者のR・ローガン、助手だったデリック・ドゥ・ケルコフ等多くの人が、マクルーハンがアイディアを思いつくと深夜であっても家に電話をかけてきて意見を求められた経験を語っている。マクルーハンはいつも自分のアイディアに夢中だった。そして自分のアイディアに磨きをかけるために対話の相手を必要としていた。好奇心は人を発明家にする。

メタファーが先に生まれた

隠喩はレトリックの中心技術であるが、今日、レトリックと言えば「巧みに人をだます言葉の技術」として否定的な意味で使われることがほとんどである。孔子の「巧言令色鮮《すくな》し仁」が浸透した日本では巧みな口誦技術はあまり尊敬されない。そのため弁論のための教育は発達せず、巧みな弁論家は政治家にあっても稀である。従って、隠喩は詩文など芸術領域だけの問題であり、隠喩がわれわれの日常生活に深く入り込んでいるなどとは夢にも思わない。だが、われわれが日常的に使っている日本語の「慣用句」を覗《のぞ》いてみれば、それが隠喩の固まりであることに驚かされる。

頭が固い、頭を抱える、頭を丸める、首になる、首を突っ込む、首が回らない、顔色をうかがう、顔が売れる、顔が広い、顔を出す、口がうまい、口が堅い、口が滑る、口から先に生まれる、肩が軽くなる、肩身が狭い、肩入れする、肩を並べる、肩を持つ、腕が上がる、腕が立つ、腕が鳴る、腕に覚えがある、腰が砕ける、腰が据わる、腰を落ち着ける、足が付く、足場を固める、足元に火が付く、足元を見る、足を洗う、揚げ足を取られる

これらは身体の一部を借りてある状況、態度、感情を言い表した隠喩であるが、これを「本来」の用語で語れと言われて果たして語れるものだろうか。身体の一部を利用しない表現も、

氷山の一角、猫に小判、算盤《そろばん》をはじく、天井しらず、風の便り、引き金になる、財布の紐を緩める、錦を飾る、花をもたせる、虫が好かない、羽振りがいい、青田買い、角が取れる、打てば響く、煮え切らない、一石を投じる、火がつく、犬猿の仲、平行線をたどる、水と油、色があせる、地に落ちる、矛先が鈍る、裏を取る、お蔵入りにする

など、いくらでもある。というよりも、慣用句そのものが隠喩なのである。これらを「本来の言葉」にすることなどできようもないし、後から無理やり「字義通りの言葉」を捏造《ねつぞう》したところで、もとの隠喩表現に勝る現実の正確な描写ができるわけではない。隠喩で言い表された世界が、われわれの理解であり、現実なのである。

まず最初に、喩として〈虚喩〉という云い方がありました。これは勝手にそう名づけたのです。そのつぎの時間に発生したのが〈暗喩〉です。そのあとに発生したのが〈直喩〉なんです。そしてもっとも後にでてきたのが、喩を使わないストレートな云い方なんです。皆さんは逆におもわれるかもしれませんが、その意味はこうなんです。わたしたちが現在、暗喩（メタファー）だと考えているものは、暗喩（メタファー）が発生して、使われはじめた時代の人にとっては、暗喩（メタファー）でなくて、あたりまえな云い方だったということです。いまストレートに「おまえの眼は細い」というのとおなじことを表現するのに、暗喩（メタファー）が発生した時代の人は「おまえの眼は象の眼だ」という云い方しかできなかったのです。それが喩の時間性の意味です。だからストレートな云い方は時間としては、いちばん後にでてきたものです。そんなばかなことはない、喩のほうが言葉の飾りではないかという考え方は、現代に固定した考え方なのです。そうでなくて喩以外には、〈言葉〉の表現法ができなかった時代があったのです。それで、ある重要なことを表現しようとすると、譬みたいな云い方しかできなかったのです。（吉本隆明『言葉という思想』66—67）

一般に比喩表現は、「本来の言葉」に代えて「別の言葉」を代置する「言葉の装飾」と考えられている。「装飾」が過ぎれば、もっと「ストレートに話せ」と言われるだろう。だが、「ストレートな言葉」こそが「本来の言葉」の代置なのである。

後述するイタリアの文法学者ジャンバティスタ・ヴィーコも、『新しい学』のなかで、「あらゆる言語にあって、抽象的な精神作用や無生物に関する表現の大部分が、人間の身体やその各部、また人間的感覚や情念との類似から隠喩的に作り上げられた」として例を挙げている。すなわち、「頭」は頂上や始まり、「額」は前方、「背中」は後方、「心臓」は中央部、「風」は（息を）吹き、「波」は囁《ささや》く、などの抽象概念を生んだ。「八歳を頭《かしら》に三人の子供がいる」、「敵の背中に回る」、「息を吹き返す」などの表現がそれである。

比喩表現は、天才的な誰かの発明などではなく、あらゆる太古の民族の自然な説明方法であった。時代を経て、新たな抽象的形態を表現する言葉が発見されると太古の言語は散文家の言葉に変形され、後者を本来的なものとし、前者を本来的でない「装飾の言葉」とみなすようになったのである。

メタファーは未知のものを知るための感覚器官である

「隠喩《メタファー》とは何か」を最初に定義したのはアリストテレスである。アリストテレスは『詩学』の中で、「比喩（転用語）とは、（あることを言いあらわすさい）本来別のことをあらわす語を転用することをいう」と定義し、その転用方法を四つの型に分類した。すなわち「類から種への転用」「種から類への転用」、「種から別の種への転用」「比例関係 analogy による転用」の四つである（『詩学』79）。アリストテレス以降の修辞学（レトリック）では、アリストテレスの隠喩定義を「あくまで説得の効果を上げるために普通の語句に代えて別な語句を代置する修辞的な文彩《あや》」と狭義に解釈したため、哲学研究の対象《テーマ》から除外され、近世において隠喩研究は瀕死の状態であった。そもそも哲学では、隠喩は曖昧な表現であり、誤解を生む恐れがあるから使用すべきでないとされた。

もし私たちがあるとおりの事物《もの》について話そうとするなら、私たちは容認しなければならないが、秩序と明晰さを除く修辞学のあらゆる技術、雄弁術が案出してきたことばのあらゆる人工的・比喩的な当てはめ方は、正しくない観念を暗示し、情緒を動かし、それによって判断を誤り導くこと以外のどんな事物《もの》でもなく、したがって、実際に完全なまやかしなのである。それゆえ、どんなに褒められる、あるいは、容認できる修辞が熱弁や大衆向きの演説であらゆる技術や比喩的当てはめ方を使おうと、そうした技術や当てはめ方は、絶対確実に、教えたり啓発したりしようとするいっさいの談論ではまったく避けるべきであり、真実・真知のかかわるところでは、言語かそういう技術・当てはめ方を利用する人物か、そのどちらかの大きな過誤と考えないわけにいかないのである。（ジョン・ロック『人間知性論（三）』２７０）

死にかけていた修辞学（レトリック）を復活させたのが、マクルーハンのケンブリッジ時代の師I・A・リチャーズである。リチャーズは「隠喩（メタファー）は、修辞的な技巧、言葉の文彩《あや》である」とする伝統的修辞学の狭い解釈を批判し、隠喩の意味論的意義を認めた。彼は、「意味はそれ自体では無に等しいものです。それは虚構であり、抽象物であり、われわれが作り出した非現実的なものであるといってよろしい。もっとも、作り出したといっても、それは、目的があってのことです。談話のどの部分も、その前後にあって、ときによって表現されたりされなかったりする談話の他の部分と問題の部分の諸条件とが一定であればこそ、結局、その役目をはたすことができるのです」（『新修辞学原論』11）と書いている。

つまり、言葉（語）それ自体に一定不変の意味があるわけではなく、意味は文と語の相互関係に依存し、「文脈」が変われば意味も変わるということである。そうなると「意味を曖昧にする」として退けられていた隠喩を正面から扱う必要が出てくる。こうして隠喩研究は現代に復活することになった。

『メディアの法則』表紙

『メディアの法則』は、メディア論の本ではなく、まるごとマクルーハンの「隠喩論」といってもいい本である。「構造から言えば、隠喩《メタファー》はひとつの状況を別の状況で示し、言い表わす技術である。それは意識の技術、知覚《パーセプション》（右脳）の技術であって、概念《コンセプト》（左脳）の技術ではない。二つの状況が関わるわけで、図／地の関係二つが並置される。通常は、四要素のうち二つだけが明示され、他の二つは暗示されたままとどまる。……隠喩が、互いに非連続ではあるが比例関係にある四つの項を抱えているということはすなわち、隠喩は共鳴と間《ま》（interval）、つまり聴＝触覚であることを基本的な様式としているということである」（M3／164―165）、「隠喩と直喩を混同しているところに、アリストテレスの左脳的視覚偏向が見て取れる。アリストテレスは、これら二つの修辞的な文《あ》彩《や》を概念であり命題的（propositional）なものであるとしているが、隠喩は非連続的かつ唐突かつ並置的（appositional）である。アリストテレスのアプローチは、隠喩を構造ないし知覚と見ないで、描写だと見る」（M３／１６６）、「隠喩が常用語の「代置」なのではなく、あらゆる語がいきなり隠喩なのであり、非隠喩的な言葉などない」（M３／１６６）と、マクルーハンの隠喩論が続く。

　本人が「私の卒業論文は文学ではなく修辞学《レトリック》だということを忘れないでもらいたいね」と笑いながら竹村に言ったというから、マクルーハンの隠喩へのこだわりは並大抵ではない。マクルーハンの隠喩観は独特で、他に賛同者が現れそうにもなかったが、マクルーハンが亡くなった年の一九八〇年、『*Metaphors We Live By*』（邦訳『レトリックと人生』）という奇妙なタイトルの本が出版された。「Metaphors We Live By」を直訳すれば、「我々の日常を成り立たせている隠喩《メタファー》」とでもなろうか。

　カリフォルニア大学バークレー校の言語学科の教授であったジョージ・レイコフ（一九四一〜）と南イリノイ大学哲学科の助教授であったマーク・ジョンソン（一九四九〜）は、マクルーハン同様に、「すべての言語表現は隠喩であり、科学から日常まで隠喩なしには何も語れないし、われわれの日常世界は成り立たない。隠喩は修辞的な技巧の問題ではなく、我々の日常の生活と思考の問題である。言語表現の隠喩が存在しているということは、我々自身の概念が隠喩的であるということである」と主張し、アリストテレス以来言語表現の狭い領域に閉じ込められていた隠喩を人間の思考と行動の問題に格上げした。

　さらにこうも言う。「われわれがメタファーによって経験を把握できるのは、まるで見たり、触れたり、聞いたりするのと同じで、それはひとつの感覚器官の働きであるかのようである。メタファーによってのみこの世の中の多くのことについて知覚し経験することができるからである。メタファーは触覚と同様、われわれのもつ重要な機能の一部なのであり、触覚に優るとも劣らず貴重なものなのである」。マクルーハンは脳卒中がもとで一九八〇年一二月三一日に亡くなったが、本が出たとき彼はもう言葉を失い、読むこともできなかった。もし読むことができていたなら援軍の出現にさぞ喜んだことだろう。

「ABCs of a computer——コンピュータのイロハ」
「bad-mouth——悪口を言う」
「can't believe one's ears——耳を疑う」
「ahead of the times——時代の先を行く」
「go beyond a joke——冗談が過ぎる」
「bear fruit——実を結ぶ」
「bookworm——本の虫」
「by a nose——鼻の差で」
「calm before the storm——嵐の前の静けさ」
「chain reaction——連鎖反応」
「close at hand——手近に」
「come back to life——生き返る」
「construct a theory——理論を組み立てる」

専門家とは、決して小さな失敗は犯さないが、大きな誤りに向かっていく人のことである

「the conversation jumps——話が飛ぶ」
「crawl into a hole and die——穴があったら入りたい」
「cross swords with——剣を交える」
「cut one's own throat——自分の首をしめる」
「have an eye for——見る目がある」
「hit the mark——的を射る」
「hold the key to 〜——〜の鍵を握る」
「hold water——水も漏らさない」
「ignorance is bliss——知らぬが仏」
「iron will——鉄の意志」
「joking aside——冗談はさておき」
「love triangle——三角関係」
「man of the hour——時の人」
「money talks——金が物を言う」
「put 〜 on the shelf——〜を棚上げにする」
「thick-skinned——面の皮が厚い」
「twist logic——理屈をこねる」
「lend a hand——手を貸す」

これらは翻訳ではない。『日英共通メタファー辞典』（くろしお出版）から「明らかな翻訳」ではない事例を抜き出したものである。本当は翻訳なのではないかと疑いたくなるほどだが、これらが翻訳ではなく日英共通の隠喩であるなら、たとえ翻訳であったとしても違和感なくわれわれがそれを受容できるなら、どこの国の人間であれ、世界を知覚し、経験するにあたって隠喩が不可欠な機能として働いているということであろう。外部世界は自分の身体を通して、抽象的なものは身近なもの、具体的な事柄を通して語ることによって、初めて捕捉できるのである。

「議論は戦争である」という隠喩は、我々が手にとって触ることができない抽象的な「議論」という概念を理解するために、より輪郭のはっきりした「戦争」の概念を通して構造を与えている。「彼の批判は的を射ていた」「彼との議論に勝ったことがない」「そんな戦法じゃ、彼にやられてしまう」といった表現は、議論を戦争の構造を通して理解しているが故に成り立つ。議論を戦争に見立てる文化は、「和をもって貴しとなす」日本では希薄であるが、「ビジネスは戦争である」ではどうだろう。この隠喩は、米国の受け売りかと思っていたが、どうやらそうでもないらしい。マクルーハンは『メディアの理解』（一九六四年）のなかで、一九六二年一二月一三日付けの東京発のロイター電が「ビジネスは戦場である」というタイトルで伝えている記事を紹介している。「最近、古典的兵術あるいは兵法を研究して、ビジネスの作戦に応用するのが流行している。……日本最大の広告会社の一つは、そうした本を社員全員の必読書に指定したとさえ伝えられる」（M２／２４０）と。

「ビジネスは戦場である」の隠喩が日本人の中に自然に成り立つということは、ビジネスのある部分は「戦争」の概念を通して理解されているということである。だからこそビジネスという戦争に勝つための「戦略会議」が開かれ、「目標《ターゲット》」が決定される。戦争を戦う会社組織は、兵士のように生命体と見なされ、「筋肉質な体質」、「環境への適応」、「成長」、「進化」が求められる。従来の組織では迅速に対応できない場合には「タスクフォース」が結成され、目標《ターゲット》が達せられないと判断すれば「撤退」もする。

隠喩は、行き当たりばったりに生じるわけではなく、「ビジネス」は「戦争」の概念体系を通してある部分理解されるがゆえに隠喩からなる概念は首尾一貫したものとなる。隠喩は人間が概念を捉える手がかりを与えてくれるのである。

メタファーは新しい現実を創る

レイコフ&ジョンソンは、こうした概念の体系を「経験のゲシュタルト」と呼んだ。ゲシュタルトとは形態（Gestalt）を意味するドイツ語で、二〇世紀初頭ドイツで提唱されたゲシュタルト心理学は、人間の精神を部分や要素の集合ではなく、ひとつの全体的な集合体「ゲシュタルト（形態）」として捉え、全体性の意味の考察に力点を置く心理療法である。ゲシュタルトの分かり易い例を挙げれば「錯視」がある。脳が対象の周りのものも含めた全体として知覚する結果、同じ長さの直線が、一方は長く、一方は短く感じられる（図1）。あるいは、平行な直線が平行に見えないことが起こり得る（図2）。ゲシュタルト心理学は、知覚心理学、認知心理学、さらには芸術理論にも応用された。

我々は日常生活の中で対象の理解のために個々の経験をカテゴリー化し、ひとつのまとまった全体

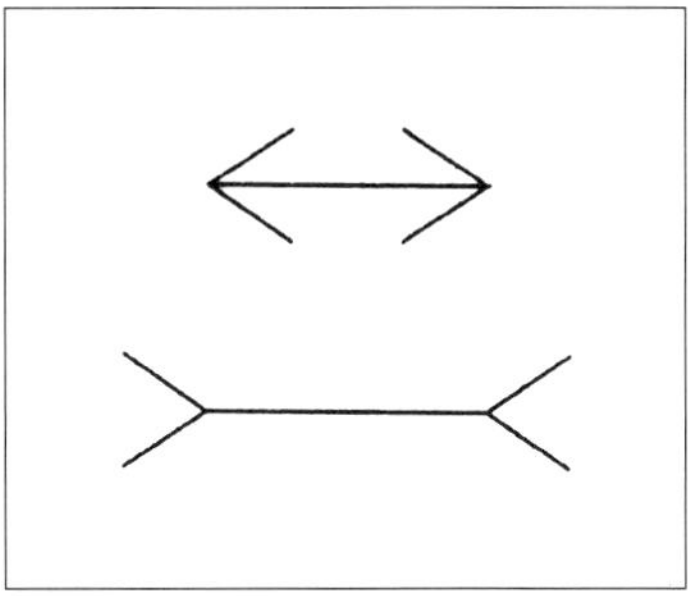

図1　ミュラー・リヤーの図形

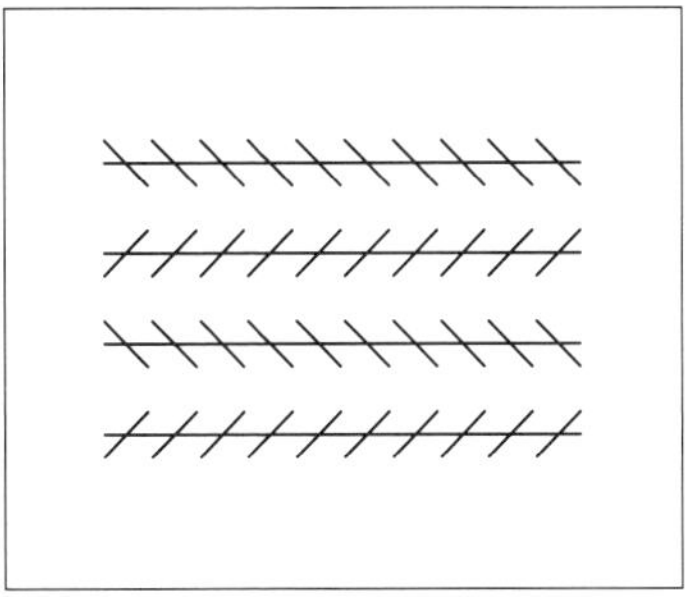

図2　ツェルナーの図形

像「経験のゲシュタルト」をつくる。隠喩は個々の言葉や個々の概念よりもむしろ概念の全体的体系に関連している。従って言語表現としての隠喩は、ある状況を表現の脚色のために別の語を取ってつけたようなものではなく、もともと我々の無意識の中に隠れていた対象の理解の仕方を浮き立たせる役割を果たしていることになる。

経験のゲシュタルトがある経験と他の経験を区別し、時に隠喩的思考によってカテゴリー間の移動が起きてその経験のある部分が浮き彫りになる。それによって我々は経験の意味を知ることができる。一方で、ある部分が浮き彫りになるとき別なある部分は隠される。

レイコフ&ジョンソンは、ゲシュタルト心理学を隠喩理論に応用したわけだが、マクルーハン読者ならすでにお気づきのように、マクルーハンのメディア論の理解の鍵もゲシュタルト心理学から援用した図figureと地groundの相互作用の発見にあった。正確に言えば「図と地」は、「ルビンの壺」で知られるデンマークの心理学者エドガー・ルビン（一八八六〜一九五一）が視知覚の諸相を議論するために使った概念で、それをゲシュタルト心理学が用いたものである。マクルーハンは、われわれの意識の及ばない地についてこう語る。

例えば講義のとき、注意は話し手のことばから彼の身振りへ移り、次に蛍光灯のブーンという音へ、あるいは外の通りの騒音へ、あるいは椅子の感触、記憶、連想、匂いへと移っていく。それぞれの新しい図がその前の図を順番に地へと追いやっていく。地は意識の構造や様式、すなわちフローベールが言うような「ものの見方」、あるいは図が知覚される「条件」を用意する。地を「それ自体として」研究することは実際上不可能である。当然ながら、地は常に環境的で、閾下にある。そのような対象を研究するために取り得る唯一の戦略は、反＝環境を構築することであり、これこそ芸術家の典型的な活動であって、芸術家はわれわれの文化において、その仕事のすべてが感受性を再訓練し、刷新することであった唯一の存在なのである。(M3／12―13)

マクルーハンのメディア論は、現代の目に見えず、気づかれてもいない電子情報「環境」を読み取る戦略を論じたものである。人々は意識が向いていることだけに注意を奪われ、意識の輪郭を縁取っている背景（地）に気づいていない。背景は固定したものではなく、図と地の関係は流動的・変容的である。背景が入れ替わった瞬間、ルビンの壺は二人が向き合った横顔に（図3）、少女は老婆に反転する（図4）。芸術家が「反環境」を構築するように、この隠れた地を浮かび上がらせる手段が隠喩なのである。

図3　ルビンの壺

図4　少女の横顔と老婆の顔

隠喩は我々の概念体系に構造を与えているだけでなく、新しい意味を創造する。レイコフ&ジョンソンは、面白い例を紹介している。バークレーにやってきたイラン人留学生は、講義でしばしば耳にする the solution of my problems（私の問題の溶解＝解決）という表現を、ブクブク泡を立て蒸気を立ち昇らせている大量の液体の中にすべての問題は存在していて、触媒によってある問題は一時的に溶解し、ある問題は沈殿しているものと考えた。だが、自分以外、誰もそのような化学の隠喩で「問題の解決」を理解していないことを知っていたく失望したという。このイラン人留学生の化学の隠喩は洞察に富んだ見事な隠喩である。というのは問題というのは決して消えてなくなるといった類のものではないということを教えてくれるからである。

すべての問題は解決後も常時存在し、溶解して一時的に液体になっているだけで存在し続けており、別な触媒によって再び沈殿することもあるものであると化学隠喩を通して理解するようになれば、the solution of my problems を問題の恒久的消滅と考えていた時に比べ、たとえ問題の一時的解決であっても「成功」と感じられるようになり、問題の再発（沈殿化）にも狼狽《ろうばい》しない。隠喩的理解を通じてその人の生き方はこれまでと違ってくる。隠喩によって「経験の意味」が違ってくるということは取りも直さず「新しい現実」を創造することに他ならない。新しい現実は新しい行動を促す。

隠喩が新しい現実を発見した事例は、そうとは気づかれていないだけで実は無数にある。イングランドの解剖学者ウィリアム・ハーヴィー（一五七八～一六五七）は、一六二八年、心臓と血液の動きに関する著作を出版したとき、彼は心臓の毎回の動きとともに、つまり定量の血液の流出のとき胸のうちに鼓動が聞こえる、と記した。だが、ハーヴィーが唱えたこの「血液循環説」に誰一人賛同する者はいなかった。

ハーヴィー以前の宗教的および芸術的文献の中では、何人かの著者たちが、耳に聞こえる心臓の搏動について自由に議論をしていた。この謎のような事実は、いかに理解しうるであろうか。その答えは、ハーヴィー以前には誰一人として、ポンプとして心臓を見なかったということである。その結果、誰も、とりわけどの医師も、ポンプとしての心臓の搏動が聞こえなかったのである。しかし、これがまさに、ハーヴィーのしたことなのだ。彼は、ポンプとしての心臓を見、そして聞いた。宗教および芸術関係の著者たちは、異なった、非-医学的な文脈で、トマス・クーンのことばを使えば、ちがうパラダイムで、心臓を論じたのである。（R・D・ラマニシャイン『科学からメタファーへ』序文）

ハーヴィーは、ポンプとしての心臓を偶然発見したのではない。ハーヴィー流の見方、語り方が現れる以前には、ポンプとしての心臓はなかった。だから当初は誰も彼の見方に賛同しなかった。だが、彼の心臓を観る見方、すなわちポンプを通じて人間の心臓を観る見方の提示によって、とらえどころのなかった人間の心臓が一挙に映像的に把握されるようになる。「光は粒子だ」は粒子を通して光の現実を新たに見た隠喩であり、「電気は流れる」は「水の流れ」を通して電気の現実を新たに見た隠喩であり、「地球は惑星である」は惑星を通して地球を見た隠喩であった。この語り方以前には、それぞれは何の類似もなかったものが、新たな語り（隠喩）により、パラダイムシフトが起きた。そうした隠喩はやがて「死んだ隠喩」となり、通常科学の言明に組み入れられた。

コンピューターは人間の「脳」に喩えられる。中国人はコンピューターを「電脳」とずばり翻訳《メタファー》した。コンピューターを脳に喩えることで、コンピューター概念のある一面が浮き彫りになった結果、コンピューター分野の研究は目覚ましく進んだ。だが一方で、隠喩によって隠された部分が後に問題になることもある。「WIRED」（ウェブサイト）にこんな記事があった。

二〇一七年三月、サンフランシスコのダウンタウンにあるハイアットリージェンシーホテルで、認知神経科学会が開催された。混み合った学会の会場で、ひげを蓄えたラトガース大学名誉教授のランディ・ガリステルは木製の演壇に手をかけ、ひとつ咳払いをしてから、目の前にずらりと並ぶ神経科学者たちにある難題を提示した。「もし脳がコンピューターのように演算をしていたら、ものの一分で脳はゆだってしまうでしょう」。わたしたちのCPUは、膨大な情報処理でオーヴァーヒートするはずなのだ。

人類は、数千年にわたって自らの知性を理解しようと挑み続けてきた。大脳皮質をCPUにたとえる情報工学的な比喩は、そうした解明の手段のひとつだ。大いなる謎をなじみ深いものにたとえれば、安心できるのだろう。テクノロジーが支配するこの世界で、ヒトの知性の座とスマートデヴァイスの間に共通点を見出すのはたやすい。だが、わたしたちはコンピューターを脳のメタファーとすることに頼りすぎており、それが脳研究の進歩の妨げになっているのかもしれない。

(『WIRED』2017・7・29)

ジョージ・W・ブッシュは、テロを「新しい戦争」と呼んだ。この隠喩により、「抑圧された人々の抵抗運動」としてのテロの一面は隠された。そして宣戦布告も終わりもない戦争の時代を生みだした。この場合、隠喩は、すでに存在しているある類似性を形どったのではなく、隠喩が類似性を創り出してしまったのである。古代人がなぜ言葉を畏れていたのか分かろうというものである。

かつてヴァルター・ベンヤミン(一八九二〜一九四〇)は、『複製技術時代の芸術』(一九三六年)で、「伝統的芸術には、どんなに近くにあってもはるかな、「いま」「ここに」しかない一回限りの現象であるアウラ(絶対的な荘厳さ、神秘性)があった。それが写真や映画によって喪失してしまった」と言った。ベンヤミン的な言い方をするならば、かつて(文字以前の)言葉にはアウラがあった。日本ではそれを言霊《ことだま》と言い、西洋ではロゴスと言った。言霊もロゴスも言葉をニュートラルな入れ物とは見ない。口に出したことは現実を変えるのである。「文字以前には、ロゴスは中立というより能動的かつ変容的であった。すなわち言葉と行為は、言葉と事物同様の関係にあった。天地創造のロゴスについても同じことである。すなわち「光あれ」とは、光を発すること（uttering）ないしは外化することなのである。……常識と考えられた聴覚空間が支配力を保持していたとき、宇宙はロゴスによって形を与えられた共鳴的で変容的な構造として知覚された」（M3／51、53）。

翻訳は解釈・創造であり、隠喩《メタファー》である

後述するように、マクルーハンのメディア論の特徴は、メディアをコミュニケーション「媒体」に止まらず、技術一般、さらには人間のつくった「概念」をも含む「人工物《アーティファクト》」にまで拡張し、それらが人間の身体ないし精神が外部へ表出したもの（utterings）ととらえる点である。人間の内部から外部へ表出したものである人工物は、それゆえ発話《スピーチ》であり、それらの使用者である人間の認識のある一つの形式から別の形式への移行《トランスレーション》／翻訳、すなわちメタファーであるとする。

外国語の翻訳《トランスレーション》は、ひとつの言語技術（人工物）から別の言語技術（人工物）へのメタファーであることは、翻訳を経験した人なら誰もが感じることであろう。外来語は隠喩に失敗した語である。

翻訳《トランスレーション》が、メタファーに他ならないことは、そもそも「翻訳する」translate という英語の語源が示している。英語の「翻訳する」translate という語は、ドイツ語では übersetzen（über〔変化・移行を示す接頭辞〕＋ setzen〔移す〕）であり、それはギリシャ語の meta phorein すなわちメタファー metaphor を翻訳したものである（ド・マン、二〇一三年）。

外国語を自国語に翻訳するということは、二つの国の文化が並置され、ひとつの文化をもうひとつの文化を通して「解釈／創造」することに他ならない。隠喩的に解釈すればこそ意味が生じてくる。

英語の「マーケティング marketing」は最も日本語に翻訳しにくい言葉である。ウィキペディアではこうある。「マーケティングとは、企業などの組織が行うあらゆる活動のうち、〈顧客が真に求める商品やサービスを作り、その情報を届け、顧客がその価値を効果的に得られるようにする〉ための概念である。また顧客のニーズを解明し、顧客価値を生み出すための経営哲学、戦略、仕組み、プロセスを指す」。

日本語にするとなんと長いことか。松下幸之助が、米国で流行しているマーケティング理論について社内の専門家から長々と説明を聞いた後、一言、「要するにお客様は神様です、ってことでんな」と言ったという。名経営者は翻訳《メタファー》が上手い。日本文化を通して米国文化を「解釈」しているからこそこう言えるのである。もっともこの話、うまく出来すぎていて真偽のほどは怪しいのだが、翻訳の創造性を語るときこれほど格好の逸話もないであろう。

明治政府は欧米文化を摂取するため大勢の国費留学生を送り込んだ。その分野は法学、経済学、物理学、化学、工学、医学、農学、兵学、文学、芸術などあらゆる分野に及んだ。帰国後彼らは、欧米の知的資産の学術書を日本語に翻訳した。日本の翻訳文化を揶揄する向きもあるが、欧米の文献がこれほど大量に自国語で読めるのは日本だけである。中国の俊英たちは日本語に翻訳された欧米の文献に接するために日本に留学してきた。かれらによって中国語に持ち込まれた和製漢語は、例えば、科学、経済、計画、権威、市場、思想、主観、客観、資本主義、文明、形而上学、現実、原理、右翼、栄養、環境、交際、演繹、帰納、義務、意味、暗示、運動などいくらでもあり、現代中国語にとって欠かせない基本概念となっている。

明治期の日本の躍進は、単に欧米の「最先端情報」を日本が手に入れて、そのまねをして発展したとは思わない。大量の文献を翻訳する過程で、ものすごい解釈／創造が起きていたはずである。明治の秀才たちは欧米の文脈と日本の文脈を並行して見ながら「新しい意味」を発見していたのである。翻訳もまた「隠喩」であり、新しい現実を創っている。今日、外国語を翻訳せず、そのままカタカナ語を使用することが多くなっているが、その弊害は、カタカナ英語を多用する人間のつまらなさを見れば明らかである。

変容のコミュニケーションを促すメタファー

西洋アルファベットの母体となったギリシャ・アルファベットは、海洋民族であるフェニキア人が使っていた文字から取り入れたものである。フェニキア人は紀元前一一〇〇年頃にはすでに彼らのアルファベットを使っていたが、ギリシャ人のアルファベットが現れるのは最も古くて紀元前八〇〇年頃であり、なぜ三〇〇年もの遅れがあったのかその理由は分かっていない。

文字を持たない民族が文字を持つ民族よりも劣等と考えるのは現代の偏見である。「あの比類なきギリシャ的知性の源泉は文字を持たなかったゆえの口誦的技術にある」と言ったのは、古典学者のエリック・ハヴロック（一九〇三～一九八八）であった。叙事詩学者のミルマン・パリー（一九〇二～一九三五）とその弟子アルバート・ロード（一九一二～一九九一）は、紀元前八世紀に生まれた『イリア

大企業においては、アイディアを出す部署は危険なウィルスを隔離する研究所のようなものだ

ス』、『オデュッセイア』は書かれたものではなく、吟唱詩人ホメロスの口誦の記憶の天才によるものであったことを発見した。

それまでホメロスは、西洋文学最古の二大傑作を書いた「作家」だと思われてきた。だが、『イリアス』と『オデュッセイア』は書かれたものではなく、民間に伝承された民族の記憶（エンサイクロペディア）としての口誦文芸であった。ギリシャは文字を持たなかったゆえに豊かな社会を維持できた。

古代ギリシャの指導者たちはみなすぐれた「物語の話し手」であった。文字を持った社会の権力機構は、物理的力をもった王と領土・領民を支配するために不可欠な複雑な書字体系を使いこなす訓練された技能者（僧侶、官僚）に分断されてしまう。ギリシャの初期のポリス共同体ではコミュニケーションの完全な「口誦性」のために、こうした分裂は起きなかった。

古代ギリシャにおいて、言葉と意味は一体不可分であった。「言葉と意味が分離したのはアルファベットの発明の影響である」とレイコフ&ジョンソンは言っている。言葉と意味が分離し、「意味は言葉の中にある」と考えることを「導管メタファー conduit metaphor」と呼ぶ。文字の発明以降、言語についての概念は、「考え（意味）はモノである」「言語は考えを入れる容器である」「コミュニケーションは送ることである」という複合的な隠喩によって構造が与えられ、理解されるようになった。

「導管メタファー」によって、我々は「彼の考えは我々に伝わってきた」「その考えを君にあげるよ」「彼の言葉はからっぽだ」という表現を違和感なく理解する。この隠喩は、コミュニケーションの

「意味伝達」の側面を強調する一方、送り手と話し手の対話的側面、聞き手の共感や考え方・行動の変化というコミュニケーションの修辞的・変容的側面を隠した。つまり、この隠喩は「意味が人間や文脈と関わりなく存在すること」を含意している。これをひとたび受け入れれば、人間は「客観主義者」となるのである。

この導管メタファーは、シャノン＝ウィーバーの通信理論に応用され、情報工学発展の基礎となっただけでなく、人文・社会科学においても支配的な考え方となった。数学者のクロード・シャノン（一九一六〜二〇〇一）とウォーレン・ウィーバー（一八九四〜一九七八）が『コミュニケーションの数学的理論』（一九四九年）で提唱したいわゆるシャノン＝ウィーバー理論は、簡略化すれば、「A地点の情報源から「送信者によって選択されたメッセージ（書かれた言葉、話し言葉、図、音楽）」が、送信機を通じて「信号」に換えられ、この信号は「通信路」を通じてB地点の受信機に送られる。受信機は信号をメッセージに変換し直し、受信者に手渡す。送信プロセスにおいて、情報源が意図しなかったものが信号に加えられることがある。これらはすべて雑音（ノイズ）と呼ばれる」（図5）というものである。通信理論としてはこのノイズを除去することが目標になるが、この理論が人間同士のコミュニケーションにも応用されると、発信者のメッセージだけを「意味」として取り扱うことを含意する、まさに「導管メタファー conduit metaphor」になる。

言葉は人間が対象に対して使うものであるから、言葉の意味は人間の心とその対象の相互関係のなかから生じるもののはずである。それが人間の心を仲介しない「意味」が発信者と受信者の間を行き来するというモデルであり、ノイズは除去されるべきとするこのモデルは、言語から修辞的・詩的機

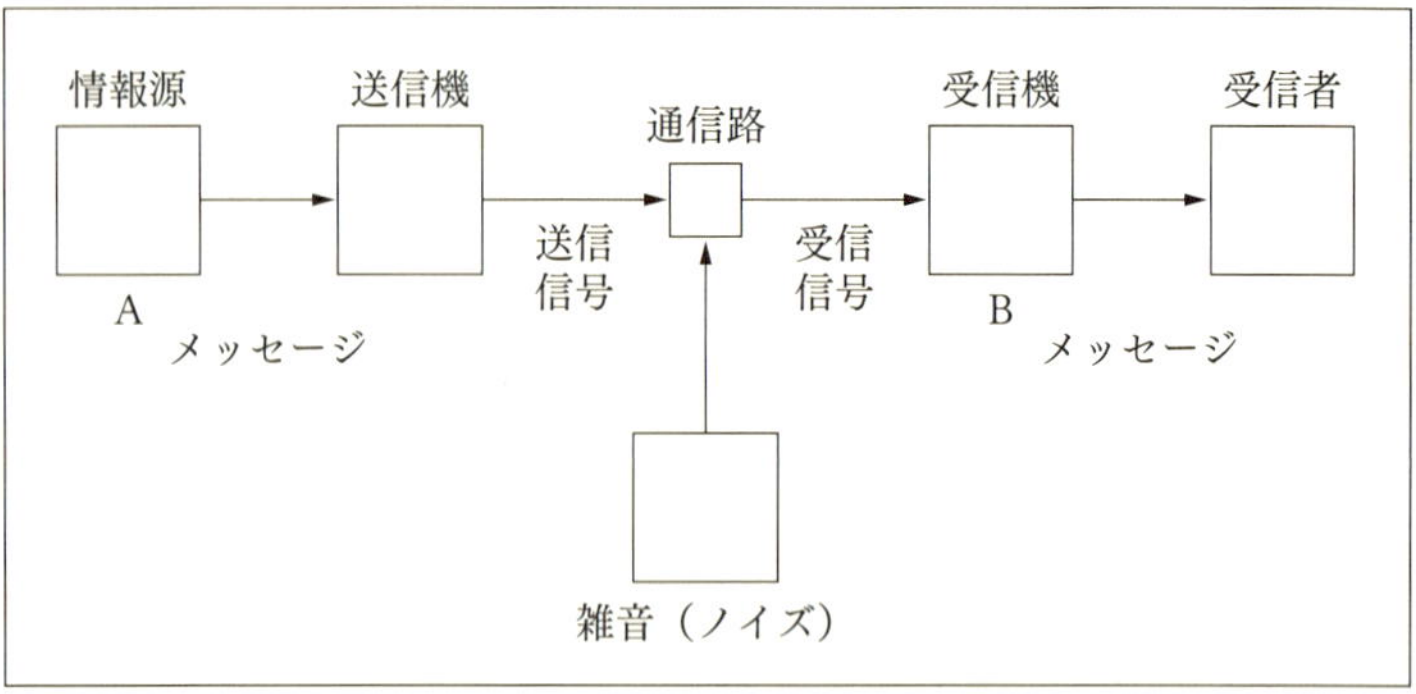

図5　シャノン＝ウィーバーのコミュニケーションモデル

能が排除され受け手の感受性が無視されることを意味する。マクルーハンは、この理論を「輸送のコミュニケーション理論 Communication Theory of Transportation」と呼び、西洋のあらゆるコミュニケーションモデルが、シャノン＝ウィーバー的な、左脳的偏向を受けたパイプラインモデル、機械的コミュニケーションであることを批判するのである。言うまでもなく、現代のマス・コミュニケーション研究はこのシャノン＝ウィーバー理論が前提になっている。また、マスプロ教育の「教える者（教師）」と「教えられる者（生徒）」の関係もこのモデルを採用している。

　ケンブリッジ時代の師I・A・リチャーズの影響を受けたマクルーハンにとって、意味の主体はメッセージの発信者ではなくその受け手にあった。彼は著作でも講演でも隠喩を多用したが、隠喩を使わなくても字義通りの言葉で言い表せるではないか、との批判は未だにある。そういう批判者は、隠喩はノイズであり、ノイズを除去して字義通りの言葉を用いれば、「意味」はパイプラインの中を流れて受け手に届くものだと思っている左脳人間である。隠喩は字義通りの言葉の代替ではない。マクルーハンが隠喩を好んで使うのは、隠喩が聞き手／読者の感受性と解釈を通じて達成される創造のコミュニケーション技術であるからだ。

アテネの獅子が敵に躍りかかった。

というホメロスからの古典的な隠喩は、

獅子は獰猛《どうもう》に獲物に躍りかかる
アテネのアキレウスは勇敢に敵に立ち向かう

という、類似した、しかしまったく繋がりのない二つの状況が並置され、その相互作用によって意味が生成される。「隠喩《メタファー》は、ある事物や状況を、別なものとして装わせたり、別なものを通して見えた状態で示す。それぞれが互いに図と地として構成された二つの状況の間《ま》を越えて、跳躍がつくりださ れなければならない」（M3／296―297）。これを「アキレウスが獅子のように勇敢に敵に立ち向かった」と直喩的な説明で代替しようとすれば、「アテネの獅子が敵に躍りかかった」という隠喩が新たに生み出した何かが失われてしまう。

日本の和歌でも、何百年も昔に詠われた歌を地として並置させることで、自身の歌だけでは言い表せない心象を浮かび上がらせる「本歌取り」という技術がある。「意味」の生成において「地」は重要な役割を果たしている。

　詩や宗教だけではなく、普通の日常生活の中にも隠喩もしくは比喩的表現でしか語りえないものはいくらでもある。ソムリエがワインの味について語るとき比喩表現を禁じられてはお手上げであろう。字義通りの言葉ではなく、隠喩で「思考」することによって、新しい現実が浮かび上がってくるのである。

　マクルーハンは、「輸送のコミュニケーション理論 Communication Theory of Transportation」に対して、隠喩に満ちた表現形式を「変容のコミュニケーション理論 Communication Theory of Transformation」と呼び、右脳的後者が左脳的前者に転じる様をこう説明する。

> 左脳は抽象と継起性の両方を提供し、弁証学は論理的議論と哲学的推論の長い継起的連鎖を生みだすことができる力で然るべく名高い。しかし、隠喩《メタファー》は、二重の図と地の並置でき、ゆえに形式的には非連続的、かつ共鳴的である。けれども、それを左脳にもち込み、鮮鋭度を図＝図のレヴェルまで引き上げると、隠喩的な「アテネの獅子が敵に躍りかかった」という類の表現は、すぐさま「彼は獅子のように躍りかかった」（直喩／類推）へと、あるいは極端な「彼は獅子である」（繋辞《コプラ》）に転ずる。この後の二つは連結的かつ線形的である。それらはまったく隠喩ではなく、隠喩が左脳にもち込まれ、そのことばで処理が施されていくときに左脳がつくり出す、そっくりその何かなのである。（M3／299）

隠喩が線形的な説明と根本的に違うのは、受け手の想像力を掻き立て、感情を揺さぶり、行動を引き起こす点である。マクルーハンの隠喩にインスピレーションを受けた創造者たちは何かに急き立てられるように創作に向かった。「メディアはメッセージ」の御託宣は、当時の電子情報技術者、科学者たちを興奮させたことだろう。なにしろ自分たちがつくっているのはただの機械ではなく「メッセージ」なのだから。

後に「パーソナル・コンピューターの父」と呼ばれることになったアラン・ケイは、半年の間『グーテンベルクの銀河系』を読みふけった後、今日のパソコンの原型となるコンセプト「ダイナブック」を発案した。コンピューターは当時、個人が所有できるようなものではなかった。「ダイナブック」は誰もが身近に置ける印刷本のようなコンピューター概念である。そのコンセプトを元に一九七三年世界初のパーソナル・コンピューター「アルト」が生まれた。それを見て衝撃を受けた後のアップルの創業者スティーブ・ジョブズがGUI（グラフィカル・ユーザー・インターフェース）を備えたマッキントッシュの開発に成功した。マイクロソフトのビル・ゲイツがそれを追ってウィンドウズが開発された。

『地球村の戦争と平和 *War and Peace in the Global Village*』が出版された翌年の一九六九年、ジョン・レノンとオノ・ヨーコは「War is Over」のキャンペーンポスターを携えてトロントのマクルーハン・オフィスを訪れた。そして一九七一年、「想像してごらん、国なんて無いんだと」と唄った「イマジン」が発表された。マクルーハンを高く評価していた映画監督のウッディ・アレンは、「アニー・ホール」にマクルーハン本人を登場させ、「テレビはホット」などとマクルーハンの説を間違って解説する大学教授にユーモラスな反論をさせた。韓国出身のアーティストのナム・ジュン・パイクは、テレビに映ったマクルーハンの顔を編集加工したヴィデオ・アート作品「マクルーハン・ケージド」を制作した。トロント大学の文学部学生だったデヴィッド・クローネンバーグは文学を捨て映画監督となって、テレビの触覚的・内臓感覚的なイメージをグロテスクに描いた「ヴィデオドローム」を撮った。映画に登場するオブリビオン博士とはマクルーハンである。クローネンバーグは、一九九一年、ウィリアム・S・バロウズ原作の『裸のランチ』で全米映画批評家協会賞最優秀監督賞・脚本賞を受賞している。マクルーハンとも親交のあったカナダの作曲家・ピアニストのグレン・グールドは、その卓越した演奏とアイドル的容貌で世界的な名声を博しながら、演奏の一回性に疑問を呈し、コンサートを捨ててスタジオに籠って録音と放送を通じての発信に専念するようになった。「同時多発性」の概念に触発されて音楽の脈絡を破った現代音楽家のジョン・ケージ、サウンドスケープ（音の風景）を提唱したマリー・シェーファー、ハプニングやフルクサスの芸術運動など数え上げればきりがない。

GEやIBMなど大企業の経営幹部は、高額の謝礼つきでマクルーハンを昼食に招いている。よく「大企業の幹部たちはマクルーハンの隠喩を理解できず経営には役立たなかった」と評されるが、そんなことはないと思う。「皆さんの会社がやっていることは、電球を作ったり、事務機器を作ったりすることではなく、AT&Tと同様の〝情報の処理加工〟なのである」と言われたGEやIBMの幹部たちは、間近に迫った電子情報革命を切迫感をもって感じ取ったはずである。

マクルーハンに影響を受けた人は、総じて「活字人間」ではない。活字人間は左脳的に頭で理解するが行動は苦手である。前述したゲシュタルト心理学では、人間は一つの統合された存在として捉えるが、人間は個人的な存在であると同時に社会的な存在でもある。神経症の患者は、自己を統合された存在として感じられない。社会との関係においてもうまく平衡をとることができず、引っ込み思案になったり、社会の重圧に耐えきれず、社会生活から孤立してしまう。マクルーハンは、現代社会（印刷文化社会）に生きる人間は、五感のバランス（共通感覚）を失った一種の神経症患者のようなものだと考えていた。ゲシュタルト療法の創設者のＦ・Ｓ・パールズ（一八九三〜一九七〇）も同じであった。

現代人は、総じてバイタリティに欠けていると言わざるを得ない。それは、ただちに日常生活に支障をきたすほどの深刻な問題にはなっていないけれども、そうかといって、現代人は真に創造的に生きているかといえば、そうでもない。むしろ、たえず不安が先行し、挙句の果てには引っ込み思案になってしまっている。我々の外界を見渡せば、現代ほど人生を豊かに、有意義に過ごす機会に恵まれている時代はないといえよう。それにもかかわらず、現代人は自分で何をしたいのか分からず、したがって分からないものをどう手に入れたらよいのかについてはなおさら見当がつかない。現代人はあたかも目的を見失ったかのように、ただ彷徨っているようにみえる。現代人は興奮を覚えたり魅力を感じることがあっても、リスクをともなうことは、わざわざしない。面白いこと、楽しいこと、また成長や学習につながることは、幼児や成長途上にある者がすることであって、〈成熟〉した大人がすることではないと思っている。また現代人は身体は動かしているけれども、顔は無表情のままで、自らのやっていることに興味を持ってはいないことが多い。通常、ポーカー・フェースでいるか、退屈しているか、無関心でいるか、さもなければ苛立ちを覚えているというのがおちである。あたかも直接的に、かつ創造豊かに感じたり、表現したりする能力や自発性を、まったく失ってしまったかのようである。（パールズ『ゲシュタルト療法』9）

「現代人」を「活字人間」に置き換えて読めば、マクルーハンが批判の対象としていたものと同じであることが分かる。活字文化に侵食された現代人は総じて引きこもり状態にある。視覚だけが強調されることによって諸感覚は分断され、統合的、創造的な意識状態とはほど遠い。活字文化、即ち書くことと読むことを通じて必然的に引き起こされる内的モノローグこそが近代精神の源であり、同時に現代人の「精神的引きこもり状態」の原因でもある。

話はやや逸れるが、マクルーハンの問題意識は、マルクスが「人間疎外」と呼んだものと同じであろう。マルクスは、資本主義的生産の分業によってもたらされた労働の疎外は、プロレタリア革命によってなくなると考えたが、マクルーハンはそもそも生産の分業は、活字的意識がもたらした生産形態であり、電気の時代になれば情報の生産が主たるビジネスになるので、チャップリンの「モダン・タイムス」に描かれたような、細分化と専門化によって生じた労働の疎外は解消されると考えていた。マクルーハンは「電気時代においては、労働はスペシャリストの作業《ジョブ》からゼネラリストの役割《ロール》になる」と言ったが、断片的な知識ではなく、総合的な知識を持ち全人格が関与（今日のネット環境はそれを可能にしている）することで、仕事《ジョブ》は「献身」と「主体的な参加」を伴った役割《ロール》に変わる。それがどんな端役《ロール》であったとしても。マクルーハンのこだわりは、徹底したリベラルアーツ、すなわち「総合知」の重視なのである。マクルーハンはマルクスを次のように評している。

マルクスは十九世紀の人間、偏《ひとえ》に第一世界のハードウェア人間であった。電気について、同時的なものについては、何も知らなかった。彼は第四世界、すなわち電気的情報の同時世界において何が起きるかなど知るべくもなかった。彼の思想の全体は、生産と流通に基礎を置いている。彼の信念は、誰もが何でも欲しい商品が十分に得られるようになれば、問題は解消されるだろうということだった。彼には二十世紀のもっとも重要な商品が、工業製品ではなく「情報」になるだろうなどということは思いもよらなかった。情報は、単に重要産業であるにとどまらない。それは教育そのものになっている。（*"Understanding Me"*, 282-283, The MIT Press, 2004）

話をもどすと、マクルーハンが、ゲシュタルト心理学に深い関心をもったのは、ゲシュタルト心理学が現代人が統合された存在としての自分を取り戻すこと（マクルーハンの言葉で言えば「共通感覚」の回復）を目指していたからであろう。パールズは言っている。「ゲシュタルト療法の目指すところは、血の通っていないマネキンのような人間を生き生きとした本物の人間に変革させることである」（同前、137）と。

中世の写本文化では、でこぼこの砂利道を車で運転するように、声に出して読むことで全感覚を関与させることができた。それが、舗装され平坦でまっすぐな道路を視線だけが高速に走る活版印刷文化においては、声に出さずに意味を了解する「黙読」の習慣が生まれた。それ自体は意味を持たない表音アルファベットの羅列を目だけで追う行為は、声に出して読む行為とまったく別な体験である。黙読の習慣は、続いて、声に出さずに思考すること、すなわち「沈思黙考」を促した。

口誦文化においては、人生観としても、倫理観としても当然のことであった「言行一致」は、活字文化においては軽んじられるようになり、「言行不一致」あるいは「外野的評論家精神」は否定すべき態度というよりも、むしろ活字文化人の理想的な姿となった。

マクルーハンの仕事は、現代人を活字の催眠状態から目覚めさせることだった。そのためには隠喩を通して、人々をインヴォルヴさせ、受け身ではなく能動的に何かを発見させる必要があった。完全な催眠状態に陥っていなかったアーティスト、クリエイター、産業人たちはマクルーハンの隠喩を通して隠れていた「地」(新しい現実)を予感したのである。地とは、アリストテレスの四原因でいえば形相因である。それは物に本質、形相、あるいは性質を与えるものである。

マクルーハンは、同時代者たちが地にあって無意識に考えていたことを意識的に考えていた。同時代者たちが潜在意識の中でそう考えたいと思っているが知られずにいる、まだ言葉にできていない思想を語っていた。マクルーハンはエンジニアでも発明家でもなかったが、自ら時代の知的な流れを加速する推進力となった。マクルーハンが予言者と言われるのはそういうことである。

メディア理解のカギとなる「共感覚」

「名声が鳴り響く」、「儲け話を嗅ぎつける」、「甘い判断」、「熱い戦い」、「甘いメロディ」、「採点が辛《から》い」、「黄色い声」、「暖かい色」など、隠喩には本来使うべき感覚表現を用いず別な感覚を用いて表現するものがある。隠喩が新しい意味をつくるにしても、これがまさか「実際」の感覚だとは普通は思わないだろう。しかし、「音が色として見える」、「味に形を感じる」、「色が音として聞こえる」、「文字に色を感じる」、「痛みに色がある」、「数字が風景に見える」人が実際にいる。そういう人を共感覚者と呼ぶ。

> 「君は神経科医だからわかるかもしれないな。変なことを言うようだが、僕は、実は、味に形を感じるんだ」。そして目をそらしながら「どう言ったらいいんだろうなあ」とつぶやいた。それから「味に形があるんだ」と言い、顔をしかめてオーブンの天板をのぞきこんだ。「このチキンは、とがった形に味つけするつもりだったのに、丸くなってしまった」と、まだ顔を赤らめたまま、こちらを見あげ、「ほとんどまんまるなんだ」と、ひそめた声に力をこめる。「とがりがないと客に出せない」（リチャード・E・シトーウィック『共感覚者の驚くべき日常』9）

共感覚研究者の米国の神経科医師リチャード・E・シトーウィックは、一九八〇年に共感覚者のマイケル・ワトソンと会ったことをきっかけにかねて関心のあった共感覚の研究と実験にとりかかった。共感覚は古くから知られていたが、一八六〇年代から一九三〇年代をピークにその後は医学的関心の対象外となっていた。医学の世界で長く忘れられていた共感覚の研究は、シトーウィックの研究が一つのきっかけとなって再びさまざまな研究、実験が行われるようになった。

共感覚者の存在を知ると、前述した隠喩的感覚表現は隠喩ではなく共感覚から生まれた実際の感覚なのかも知れないとの疑いさえ湧いてくる。たとえ表現上の比喩であったとしても、それが共感覚的な知覚作用と無関係とは思えないのである。

共感覚 synesthesia という言葉を初めて聞いたのは、エリック・マクルーハンからだった。エリックは「共感覚の研究がメディアの理解においては非常に重要である」というようなことをしきりに言っていた。以来ずっと気になっていた言葉だが、日本語で共感覚について書かれた文献は見あたらないし、神経心理学の難しそうな言葉だったのでそのままにしておいたのだが、その後、『共感覚者の驚くべき日常』の書評を新聞で見つけて慌てて買いにいったことを思い出す。

この本を読んで、ふと思ったことは「マクルーハンは共感覚者だったのではないか」ということである。「テレビは触覚メディア」、「印刷はホット」、「テレビはクール」、「映画はホット」、「感覚比率」など、共感覚者でないと言い表せない表現に思えたことにくわえ、共感覚者はすばらしい記憶能力を持つというのである。

さらにマクルーハン・プログラムで聞いたマクルーハンの脳のエピソードを思い出した。マクルーハンが六〇年代末に米国フォーダム大学に客員教授として招かれている時に脳腫瘍が見つかり、脳の手術を受けた。その時分かったことらしいのだが、マクルーハンの脳梁《のうりょう》（左右の大脳半球をつなぐ神経線維の束）は非常に太かった、という。

マクルーハンの豊かな発想や能弁ぶりは、左右の脳をバランスよく使える能力からきたものであろう。常人と違った脳の働きがあったかも知れない。マクルーハン自身、晩年、左右の脳機能の違いを自身の主張の論拠にすることに熱心だった。とはいえ、エリックから父が共感覚者だったという話は一切出てこなかったので、マクルーハンが共感覚者だったというのは考えすぎであろう。ただ芸術家や詩人、小説家などにはやはり共感覚者が多いらしい。欧米では、ボードレール、ランボー、スクリャービン、カンディンスキーなどと並んで芭蕉なども共感覚者ではないかと論じられている。芭蕉には次のような共感覚的な句がある。

鐘《かね》消えて花の香は撞《つ》く夕哉《ゆうべかな》
（鐘の音がきえゆくとともに、花の香りがその余韻のように匂い立ってくる夕べ）

有難や雪をかをらす南谷《みなみだに》
（なんとありがたい、南谷には雪が残り、香らせている）

英国の心理学者ジョン・ハリソンは『共感覚——もっとも奇妙な知覚世界』（156—157）のなかで、共感覚者として名前があがる人たち（ボードレール、ランボー、スクリャービン、カンディンスキー、ホックニーら）の一人として芭蕉の名を挙げ、共感覚か比喩かを論じている。

鐘《かね》消えて花の香は撞《つ》く夕哉《ゆうべかな》

この句は、英語では次のように訳されている。

As the bell tone fades,
Blossom scents take up the ringing,
Evening shade.

この句について、共感覚研究者のスティーブ・オーディンが、「消えゆく鐘の音の振動が花の香りと溶け合い、さらに夕暮れの薄闇と混じり合う」自然への強い共感覚的知覚であると解釈していることに対して、ハリソンは、「ある個人が共感覚者だという定義として、たとえば聴覚刺激が「瞬時に」視覚の共感覚的知覚を呼び起こす」ことを強調し、芭蕉の、鐘の音 ringing が花の香 ringing に「段々と」移っていくというのは、芭蕉がメタファーを使っているだけということを示している。それでも、芭蕉が共感覚者ではなかったということではなく、共感覚者だったという決定的な証拠にはならないということである、と言っている。

言語学者のベンジャミン・ウォーフは、「おそらく、最初は共感覚から比喩が生じ、その逆ではないだろう」と書いているが、芭蕉が共感覚者であってもなくても、共感覚と隠喩は密接につながっているのではないか。そもそも口誦的な聴覚的、体性感覚的な世界に住む江戸時代の人間が、視覚的偏向を受けた現代人のように五感を明確に区別して意識していただろうかという疑問もある。感覚同士はもともと入り混じったものであり、それゆえ、ことばの「貸し借り」も自由にできたのではないか。それを我々は「比喩」と呼んでいるのではないか。

エリック・マクルーハンは、共感覚について次のように述べている。

シトーウィック博士が正しいなら、閉合《クロージャー》のプロセスとしての共感覚は、意識刺激であるとともに、まさにそれ自身を知るプロセスであり、心理学が一世紀以上にわたって見逃してきたものである。共感覚は何であれあらゆる経験に対する、有機体としての人間の感覚に侵入する何ものかに対する、肉体と精神の閉合反応である。それはわれわれが経験へともたらすものであり、あらゆる経験が100％完全である理由である。感覚の挑発はその反応として、匂い、味、触感、音、あるいはこれらの連合、あるいはその他の感覚や意識の連合を引き起こすだろう。もし新たな経験が音をもたらすなら、それはその語、その名である。すなわちどのようにして語が生まれ、それらがどのように経験を蓄積するかという、その仕方である。こういうふうに語と語源はともに経験と閉合《クロージャー》に起原をもつ。別の言い方をすれば、語と経験は一つのアナロジーの部分として関係している。語はそれが表す経験や事物の相似物《アナログ》である。ということは、どんな経験も入力と閉合が一体となったひと組で構成されているということである。それはまるで島の輪郭と海岸に打ち寄せる海が、絶え間なく互いを形成し、変化させると同じように、互いに互いを形づくる。それぞれが相手を形づくり、相手に合わせ、互いを形成し合う。知覚の入力のパターンは刺激に従うが、反応の特徴は文化や個人がもつ固有の知覚選好から来る何らかの偏向に影響される。共感覚は、たとえ左脳半球と特別な関係があるとしても、直線的、継起的な仕方で起きるものではなく同時的である。それゆえ、共感覚はロジカルなプロセスではなくアナロジカルなプロセスであり、連結《コネクション》ではなく間《インターバル》によって構造化されている。語と隠喩も全く同じである。それらは、我々同様に、類比比率《アナロジカル・レイシオ》にその存在を負っている。テトラッドが示すように、技術と我々自身の関係も同じである。（『*Electric Language*』174）

共感覚への関心

エリックはメディア理解における共感覚の重要性を強調しているが、マーシャルの方は共感覚よりも共通感覚について繰り返し述べている。マーシャルの時代、共感覚の研究がまだ進んでいなかったという事情もあろう。

共通感覚（センスス・コムニス）への関心の歴史は古く、アリストテレスが「五感を貫き統合する感覚」と定義した、一つの感覚の一種類の経験をすべての感覚に翻訳し、心に統一したイメージをもたらす人間特有の能力のことである。「常識（コモン・センス）」の語源でもある。共感覚も共通感覚も感覚がそれぞれ別個に働くものではないと考える点では同じだが、前者は感覚間の「転移」に、後者は「統合」に目を向ける点がやや異なる。この二つは、前者は神経生理学の、後者は哲学の領域の問題として別個に扱われているが、どこか人間の深いところでつながっているに違いない。

機械技術はわれわれの身体的存在の諸機能を拡張し分離するためのものであったが、それによってわれわれはもはや自分自身に手を触れることのできないところまで押し出されてしまって、いま崩壊寸前まで来ている。意識的な内面生活において、諸感覚のあいだの相互作用こそ触覚を構成するものである。これはもっともなことだ。たぶん、触覚というのは、皮膚がものと接触するというだけでなく、精神のなかにものの生命が入ることではないか。ギリシア人たちは基本的な感覚、あるいは「共通の感覚能力」というものを考えていて、それがある一つの感覚を他の感覚に移し変え、人間に意識を与えるのだとした。こんにち、われわれは身体と感覚のあらゆる部分を技術によって拡張してしまったから、いま外部に技術と経験の共通感覚が必要であるという気持ちにつきまとわれている。それがあれば、共同体の生活が世界規模の共通感覚の水準にまで高まるであろう。世界規模の断片化を達成してしまったとき、世界規模の統合を考えるのは不自然でない。（M2／108―109）

マクルーハンは、「色の三原色の調和的集合が白であるように、諸感覚の調和的な集合が触覚である」として諸感覚の統合としての触覚の重要性を説く。「触覚」は、単に「触る」ということに止まらず、筋肉感覚や運動感覚を伴った「体性感覚」である。そしてその体性感覚は共通感覚であると昔から言われてきた。触覚が代表する体性感覚が諸感覚を統合することで、人間は自身を統合された存在として認識することができる。マクルーハンはこう言っている。

"keep in touch"（接触している）あるいは"get in touch"（接触する）というのは、諸感覚の実り多い出会い、聴覚に移し変えられた視覚と運動感覚に移し変えられた聴覚、それに味覚と嗅覚、その出会いの問題である。"common sense"（共通感覚）というのは人間に特有の力であって、一つの感覚による一種類の経験をすべての感覚に移し変え、結果を一つの統一されたイメージとして精神に連続的に提示する力のことである。そう、幾世紀にもわたって考えられてきた。実際、この諸感覚間の統一された比率《レイシオ》というイメージこそが、長いこと、われわれの合理性《ラショナリティ》のしるしであると考えられてきたのであった。（M２／63）

このマクルーハンの共通感覚への関心の背景には、一三世紀の神学者、哲学者のトマス・アクィナスの影響がある。マクルーハンは、アクィナスをしばしば引用している。中世のキリスト教神学にとって、物質的存在である人間と神の非物質的存在性の調和（＝橋渡し）は最大の問題であった。いったいその二つの存在の調和はどこに見いだせるのか、いったいどんな媒介（メディア）がその調和を可能にするのか。アクィナスは、この問題に対して実に興味深い見方を示した。即ち、知覚と言語の二つの媒介《メディア》によって物質と精神の架橋が果たされると主張したのである。

カナダのメディア学者ジュディス・スタンプスによれば、マクルーハンはアクィナスの「知覚は、肉体と知性が出会うところである。そして、言語はそれを通じて、肉体と知性の出会いが表現され、理解されるところのメディアである。知覚はバラバラに孤立したものでなくアリストテレスのいう共通感覚が五感を貫いて統合しており、そしてその共通感覚は触覚によって創り出される普遍的・根源的な感覚である」とする見方に強い影響を受けた（Stamps, 1995）。

マクルーハンのメディア論の特徴は、技術の導入によってもたらされる人間の「感覚比率の変化」とそれが現れるところの「言葉の変化」として社会変化を捉える点にあるが、その直接のルーツはアクィナスにあったと言えよう。なお、日本では中村雄二郎が『共通感覚論』のなかでこの問題を詳細に論じている。中村は、マクルーハンの言葉を引用しつつ、人間の拡張としての技術手段が引き起こす諸感覚の新しい配分比率は、必然的に「知の組み換え」を要求し、それはまた言語観の違いになって現れることを次のように述べている。

感覚の組み換えが学問上の認識にも決して無関係ではないことが、それによって明らかになるだろう。分析的な理性やそれにのっとった学問を生み出したのも、人間やものや自然を抽象的なかたちで対象化したまなざしであり、視覚の独走であったのだから。そこで、学問や理論の領域での〈視覚の独走〉に対しても〈体性感覚の回復〉が要求されることになる。ところで、ここに出てくるのは次のようなことばの問題である。すなわち、分析的な理性によって一義化され、概念化されたことば、イメージを奪われたことばに対して、イメージを含み多義性をそなえたことばを、学問や理論にあっても正当に回復し、駆使することにほかならない。（『共通感覚論』１３８）

「体性感覚」とはマクルーハンのいう聴触覚、あるいは共通感覚である。そしてイメージの回復とはレトリックの回復であることは言うまでもない。

第4章 メディアとは言語であり隠喩《メタファー》である

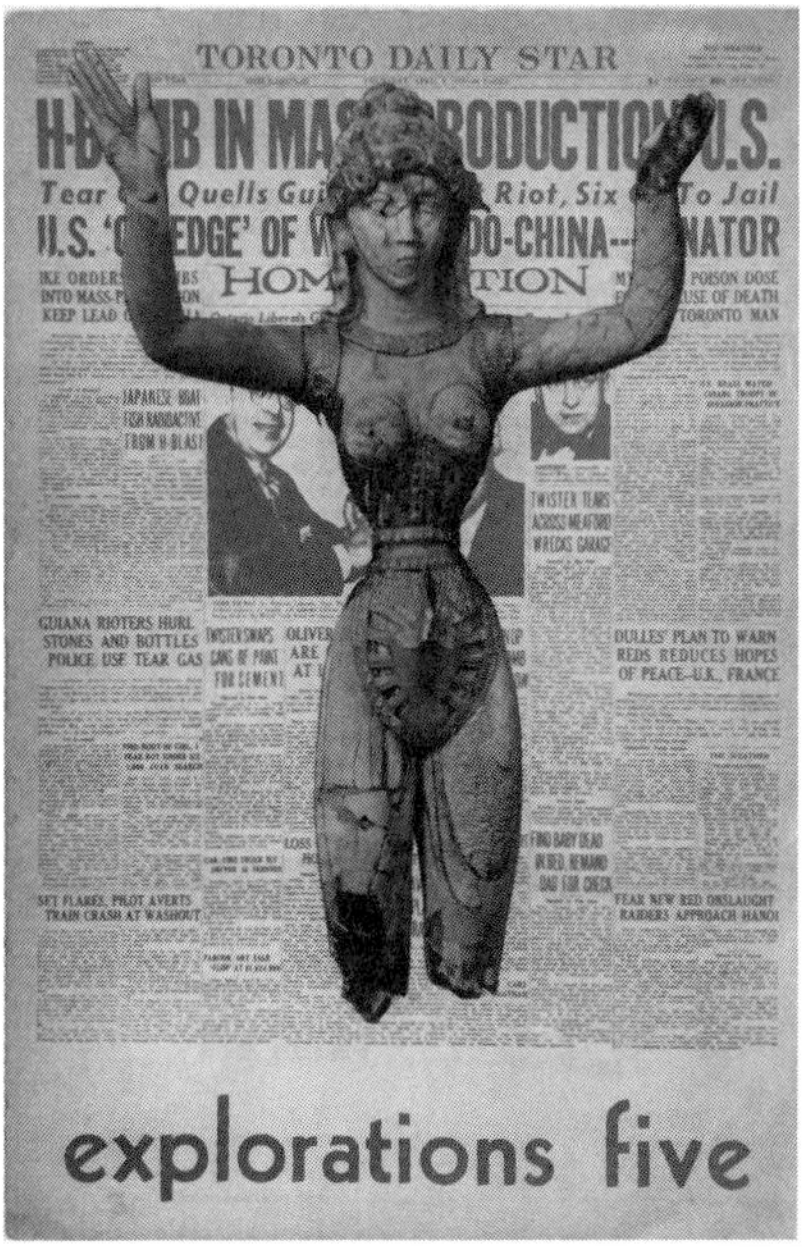

雑誌『探求』5号表紙

メディアはメッセージである

マクルーハンの思想はつねにこの有名なテーゼとともに語られる。だが、マクルーハンはそこに留まっていたわけでなく、亡くなるまで彼のメディア探求の旅は続いた。この章のタイトル「メディアとは言語であり隠喩《メタファー》である」が彼の旅の終着点となったが、そこに行く前に、まず「メディアはメッセージである」とはどういうことなのか、改めて確認しておく必要があろう。

「メディアはメッセージである」の英文は、The Medium is the Messageで、複数形のmediaではなく単数形のmediumが使われている。Mediumとは「中間」、「媒介」を意味するラテン語のmedium（メディウム）が語源で、英語読みではミディアムとなる。服のサイズのミディアム、肉の焼き方のミディアムが「中間」を意味することはそこからきている。通信、放送媒体を言い表す場合、マスメディアなど複数形のメディアを使うことが一般的なことから、邦訳もそちらを借用した形になっている。ちなみに、神の言葉を仲介する霊媒師（巫女）なども medium である。

「メディアはメッセージである」が、これほどまでに有名になり、いまだにその解釈に関して興味がつきないのにはいくつかの理由がある。一つは、これが説明が省かれた短文、すなわちアフォリズム式に書かれていることによる。メディア（媒体）は通常、メッセージ（意味）ではない。内容（コンテンツ）がメッセージ（意味）である。しかし、このアフォリズムが「メディアはメッセージである」と断言調に短く宣言されたことから、読者はこの反語を読み解く必要に迫られた。

反語はこうして読者・聴衆を高次の理解に誘う効果をもつ。まさにフランシス・ベーコンが「アフォリズム式の書き物には、体系式の書き物などの及ばぬ多くのすぐれた長所がある。……アフォリズム式のものは、断片的な知識を示すので、いっそうふかく研究するようにと人びとをいざなう」（『学問の進歩』２４２―２４３）と言ったことがここで実現されている。

もう一つの理由が、マクルーハン自身がこの言葉を説明するために、さらにアフォリズム式の言葉を重ねたことである。ホットなメディア、クールなメディア、感覚比率、メディアはマッサージなど、この一つの短文を説明するために三六〇度の方位から新たな感覚表現を投げかけた。これは何も読者をけむに巻こうとしているわけではなく、マクルーハン自身、プローブ（探求）の過程にあったということである。マクルーハンの使う感覚表現は、哲学者が作りだす抽象的な言葉とは違い、大衆の日常に転がっているような言葉である。彼はそうした言葉（常套句）を、新しい文脈に置き換え、再生させることで新しい現実を浮かび上がらせようとしていた。哲学者は現代社会を語るとき、ホット、クール、マッサージなどという語は使い得ない。しかし、修辞学者マクルーハンは、大衆の日常の言葉を使って現代社会の深層の現実を浮かび上がらせることに成功したのである。

マクルーハンは、現代メディア社会という環境を知覚的、直観的に理解することに最後までこだわった。しかし、概念的な説明を一切していないということではない。例えば、一九六九年の『プレイボーイ』誌のインタヴュー記事などは、かなり説明的に語っている。一問一答のインタヴューは、質問者の視点が定まっているため一貫した論が展開される。「一問一答形式というメディア」のメッセージがそこに現れていると言えよう。

住宅・衣服・道路・貨幣……というメディア

「メディアはメッセージである」をひとまず概念的に理解しようとするなら、次の二つの理解の仕方があろう。

一つは、個々のメディア（媒体）には内容《コンテンツ》に関係なくそのメディア特有の性質があり、同じ内容《コンテンツ》でもメディアが違えば違ったものになる。何が違うといえば、体験が違う、五感の関与の仕方が違うということである。

「ケネディ暗殺事件は、一方では、深い深層参加を促す力をもつと同時に、他方では死者への悲しみにも似た深い麻痺力をそなえていることを人びとに痛感させた。大多数の人びとは、この事件が彼らに伝えた意味の深さに目を見張った。しかしさらに多くの人びとは、大衆の反応が冷静で沈着なことに驚嘆した。同じ事件が、新聞やラジオによって扱われていたなら（テレビはまだないと仮定して）、まったく違った体験を人びとに味わわせることになったであろう」（M2／351）。メディアにはそれぞれ特性があり、「ケネディの暗殺」という「外的出来事」は同じであっても、受け取るメディアによって五感の関与度が違えば、「心的出来事」が異なり、「現実」も変わってくる。メディアの内容《コンテンツ》に囚われるとこの体験の違いが見落とされてしまう。メッセージとはコミュニケーションの全環境である。マクルーハンは「絵で言うなら、背景であって絵柄ではない。ハイウェーと工場であって自動車ではない」という言い方をしている。

もう一つが、「人間は道具を作る。しかる後に、道具が人間を作り変える」、あるいは「メディアは人間の拡張である」「メディアはマッサージである」とマクルーハンが比喩的に説明したように、その時代に支配的なメディアの特性が一定の人間類型を作り上げるということである。どのようなメディアや技術であってもそれが環境を支配すると、新しい尺度、基準が人間の感覚に持ち込まれる。その新しい基準が人間と社会との新しい関係を築き上げる。すなわち新しい世界観が生まれる。マクルーハンは、西洋文明の大きな歴史展開のなかでこの問題を論じているので読者には分かりづらいところがあるが、もっと身近な例を挙げることもできる。今はあまり聞かれなくなったが、かつて「本の虫」、英語ではbookwormという言葉があった。日本語でも英語でも「本好きな人」、「いつも本ばかり読んでいて社交性のない人」を揶揄する言葉だった。電子メディア時代の幕開けとともに「パソコン・オタク」が、ネット時代の「本の虫」として登場してきた。心理学者は彼らを「コンピューター新人類」と呼んだ。脳科学者はコンピューターゲームに熱中する若者の「ゲーム脳」を心配した。一つのメディアに熱中し、そのメディアに心が囚われている人は、何の本を読んでいるか、何をやり取りしているかには関係なく、同じような思考パターン、行動パターンになる。もっとも本人たちはそれに気づいていない。それは、マクルーハンに指摘されるまで、西洋人がグーテンベルク技術によって「活字人間」にされていたことに気づいていなかったのと同じである。

今や「パソコン・オタク」も「コンピューター新人類」もいなくなった。それが全環境になったからである。環境が人間を作り変え、しかもそれに気づかせない。スマホを片時も離さず、食事の時も画面を食い入るように見続けている現代人を、携帯も持たなかった四〇年前のわれわれが見たら、なんと呼ぶであろうか。確かなことは、決して尊称の名で呼ぶことはないということだ。テクノロジーによって人間性が変わっていくことをわれわれは本能的に恐れながら、それに抗することができない存在なのである。マクルーハンはそこに警鐘を鳴らしていた。

『メディアの理解』の第二部では、個々のメディアの特性が分析されているが、すでにこの段階でマクルーハンの「メディア」は、情報媒体としてのメディアの枠を超えて、住宅、衣服、道路、貨幣、時計、自動車、兵器などに拡大している。とはいえ、この段階ではまだ、人間がつくった道具、物理的な技術に止まっていた。やがてメディア概念は、人間がつくった物理的な道具のみならず、概念をも含む人工物《アーティファクト》全体に拡大する。

言語が違えば世界は違って見える

マクルーハンは「隠喩が常用語の「代置」ではなく、あらゆる語がいきなり隠喩なのであり、非隠喩的な言葉などない」（M3／166）と言っているが、「言葉」それ自体が隠喩だとすれば、忘れてならないのは「サピア＝ウォーフ仮説」である。文化人類学者のエドワード・T・ホールは、米国の言語学者エドワード・サピアの言語理論とマクルーハンのメディア理論のつながりを次のように指摘している。

> サピアは、マクルーハンに先んずること三十五年、「メディアはメッセージである」ということを彼よりも強く、詳細に示した。さらにサピアの研究は、他の文化体系にも当てはまるものであった。文化を進化させる過程で、人類は、最初に予想された以上のことを成していたのである。……数年間にわたってナバホ人と住み、彼らと交わった私の経験からいって、彼らが白人と全く

> 異なった考え方をするだけではなく、その考え方の相違は、多くの場合、少なくともその発端は、彼らの言語からきている、と私は信じている。（『文化を超えて』26―27）

「サピア＝ウォーフ仮説」の「思考が言語を通じてなされる以上、思考は必ず言語の影響を受ける。それぞれの言語はその使用者（話者）の世界観をそれぞれに形成する」という言語決定論、言語相対論は、当時センセーショナルな議論を巻き起こした。メディアが違えばメッセージも違うと言ったマクルーハンが「技術決定論者」として拒否反応を受けたのと同じである。「われわれは自由には思考できない」と宣告されたようなものである。サピアの言い方では、「製品〔思考〕は道具〔言語〕によって増えるのであり、思考は、その発生においても、日常の使用においても、言葉なしでおこなえる、などと想像することはできない。それはあたかも、数学上の推論が、適切な数学用の記号体系の助けを借りないではできないのと同様である」（『言語』32）。

　話は脇道にそれるが、実はマクルーハンとホールの間には、「拡張 extension」概念の発案はどちらが先かをめぐる論争があった。ホールが「メディアはメッセージである、を最初に発見したのはサピアだ」と言っていることでそれを思い出した。ホールの『沈黙のことば』（一九五九年）には、次のような記述がある。

> 昔は体を使って人間が行なっていた、ほとんどのことが、今日ではそのための「拡張活動《エクステンション》」によって行なわれている。武器の進歩は歯とこぶしに始まり、原子爆弾に終わる。衣服や住居は、人間

> の生物学的温度調節機構の拡張である。家具は、地面の上にうずくまったり、座ったりすることのかわりをする。動力工具、眼鏡、テレビジョン、電話、時間・空間を越えて声を運ぶ書物などは、物質的拡張の例である。貨幣は労働を拡張したり、貯えたりする方法である。われわれの輸送網は、かつてはわれわれが足と背で行なっていたことの拡張としてとり扱うことが可能である。（『沈黙のことば』80）

ほとんどマクルーハンの言葉ではないかと思えるほど、ふたりの技術による身体の「拡張概念」は類似している。マクルーハンは、『グーテンベルクの銀河系』（一九六二年）の冒頭、ホールのこの文章を引用して、技術による人間の拡張にともなう感覚間の新たな合理的比率・均衡の議論を始めている。さらに、二年後に出た『メディアの理解』（一九六四年）の副題はそのまま「人間の拡張 The Extensions of Man」で、その副題の目新しさが一躍マクルーハンを世界的に有名にした。日本でも『メディアの理解』の最初の邦訳版のタイトルは『人間拡張の原理』（竹内書店、一九六七年）で、「メディアの理解」は副題になっていた。ホールとしては、自分のアイディアをすっかりマクルーハンに取られてしまった気分だったかも知れない。ホールやサピアの例に限らず、マクルーハンは、古今東西の文献を渉猟するなかから、自説にふさわしい言葉を借用して彼の理論を展開したため、マクルーハンにはオリジナリティが無いとの批判もあった。マクルーハンはあちこちの学者や芸術家の発言を集めて編集するアンソロジストに過ぎないというのである。

確かにマクルーハンは、他人の発言を援用、借用していた。だが、文学、哲学、人類学、建築、美術、音楽、数学、宗教、心理学、脳科学、情報理論、経済学、東洋思想等々、学問の諸領域を縦横無尽に横断しながら展開するマクルーハンの著作が、ただの博識の開陳や名言のアンソロジーではないことは真面目な読者には分かる。一度も読んだことのない古典や科学理論からの引用を浴びせられているうちに、それらが独自な生彩を放ってマクルーハン世界をつくっていることを感じさせるのである。前述した情報通信業界ではよく知られたシャノン＝ウィーバー理論にしても、マクルーハンが用意した文脈におかれると思いもよらなかった別の意味があったことに気づかされる。オリジナリティとは無から有を生じさせることではなく、既存の知識・経験を独創的に編集し直すことで人々が見過ごしてきた深層の現実を浮かび上がらせることがマクルーハン流のオリジナリティなのである。そもそもマクルーハンは、「著作権」の概念は印刷文化がつくった一時的な幻想に過ぎないと言っていた。そもグーテンベルク以前、著作権概念はなかった。印刷文化が過去のものになりつつある今日、「著作権」と「オリジナリティ」の再定義が必要である。

話をもどそう。サピアの弟子のベンジャミン・ウォーフは、著書『言語・思考・現実』の中で、言語と現実認識に関して面白いエピソードを紹介している。ウォーフはもともとは言語学者ではなく、マサチューセッツ工科大学で化学を専攻した後、火災保険会社の社員となった。ウォーフはそこで火事発生の原因を調査する仕事を担当することになったが、ある時、火事の出火原因が言葉の〝誤った〟使用方法にあったことに気づいたという。

ある火災現場に行くと、発火の原因は空のドラム缶の気化したガソリンにタバコの火が引火したこ

良いニュース（広告）を売るためには、バランスをとるため、新聞やテレビには大量の悪いニュースが必要になる

とにあった。従業員たちはその空いたドラム缶を〝empty gasoline drums〟と呼んでいた。〝empty〟という語彙には「空の」のほかに「効果がない」という意味が含まれていて、それが従業員の不注意を生み、火事を発生させていた。

また別の工場の溶解炉の横には「スクラップの鉛」が積み上げられていた。だが、このスクラップは、実は古いラジオのコンデンサーの鉛板のことで、鉛板の間にはパラフィン紙がはさまっていてそれが熱せられて燃え上がり火事になった。

これこそ、マクルーハンのいう「あらゆる語がいきなり隠喩であること」を示す典型例である。言葉は所詮、どこまでいっても〝現実〟のある局面を強調・翻訳した隠喩にすぎない。emptyも鉛もコミュニケーション上の必要から使われていたはずだが、火災発生という断面で見たときにその使用方法は危険で〝誤った〟使い方であったのだ。一つの語彙さえも、人間の現実認識と行動を左右するとすれば、民族の歴史と文化を丸ごと抱え込んだ一つの言語体系が、いかにその使用者の世界認識に影響を与えているかは想像できよう。

言語こそ最高のプロパガンダ

マクルーハンは、フランスの思想家ジャック・エリュール（一九一二〜一九九四）の『プロパガンダ』を引用しながら、コミュニケーションにおける説得の「効果」についてしばしば述べている。エリュールはプロパガンダについて、「意見や態度を変えようとする直接のプロパガンダ以前に、社会学的性質をもち、緩慢かつ一般的で、前段階的態度として好都合な気分なり、雰囲気なりをつくり出

そうとするプロパガンダが先行していなければならない」と言っている。

プロパガンダといえば、権力者が国民を方向づけるために繰り返すイデオロギー的メッセージと一般に考えられているが、イデオロギーのような言葉で明示されたメッセージだけでは、プロパガンダの効果は出ない。その前に、権力者にとって好都合な気分、プロパガンダを成立させる「地」をつくる必要がある。

人々を誘導するのは、政治スローガンのような概念的なメッセージではなく、目に見えず気づかれてもいないうちに人々の生活の仕方や感情を左右する「環境」である。プロパガンダが始まる前に、放送禁止用語が増えるのはその一つ（環境づくり）である。マクルーハンは、「言語こそ、誰にも気づかれないうちに人の思考と態度を方向づけている最高のプロパガンダである」としてこう言っている。

真に全体的で深く浸透した環境というのは目に見えない。我々が気づくような環境は、目に見えない環境に較べて断片的であまり重要でない。例えば英語は、我々の知覚とあらゆる思考習慣と感情を形づくるにあたり、そのことが英語使用者である我々にまったく気づかれない。突然、英語をフランス語に切り替えるとすれば、そのことがもっと認識し易くなる。だが、新しいテクノロジーによって形成される環境の場合、その新しい環境自体は目に見えず、それが取って代わろうとしている古い環境が見えてくるのである。我々はいつも皇帝の古い服は見えるが、新しい服は見えていないのである。（トロント大学マクルーハン・アーカイブ資料「Address at Vision 65」か

ら）

言語、とりわけ母語は最も強力なプロパガンダである。母語はそれ自体で、世界の一つの見方を提供する強力なメッセージとなる。ウォーフが言うには、「われわれは、生まれつき身につけた言語のひいた線にそって自然を分割する。われわれが現象世界から分離してくる範疇とか型が見つかるのは、それらが、観察者にすぐ面して存在しているからというのではない。そうではなくて、この世界というものは、さまざまな印象の変転きわまりない流れとして提示されており、それをわれわれの心――つまり、われわれの心の中にある言語体系というのと大体同じもの――が体系づけなくてはならないということなのである」（『言語・思考・現実』153）。

言葉の獲得によって思考と表現の自由を得たその瞬間に、実は言葉の絶対的な拘束力にからめとられているのがわれわれ人間なのである。言語が「思想」をも規定することは、明治期に英語を深く身に付けた日本人は気づいていた。

内村鑑三は、明治三十（一八九七）年に書いた“Advantages of English Language”（「英語の利点」）、および“Our Readers”（「我が読者」）という英語の文章（内村鑑三全集、第十六巻所収）の中で、それぞれ次のように書いている。

ヨーロッパ的思想はヨーロッパ語によって表現されるのが一番よい。それをアジアの言語に翻訳すると、思想もかなりアジア化されるのである。思想そのものがそれを伝えようとする異質の言語の中に失なわれてしまうことさえ、あまりにも多いのである。〔「英語の利点」〕

英語は新しい思想を交換するための素晴らしい媒介であると考えられる。母国語の日本語ではあまりうまく表現出来ない多くのことを英語で言うことが出来るのである。〔「我が読者」〕

（太田雄三『英語と日本人』１３９―１４０）

英語に思想があるように日本語にも「思想」がある。ドナルド・キーンは、コロンビア大学で学生たちに日本文学を教えている間のことをこう書いている。

ニューヨークにいる九月から六月までの期間は、しばしば耐えがたいほど長く感じられる。日本と、とりわけ日本の友人たちが恋しくなる。ニューヨークではほとんど一人の日本人も知らない。私の性格には、今や日本語でしか表現できない部分ができてしまって、このはけ口がないと窒息しそうな感じがする。（『日本との出会い』１４７）

この二人はすでに、言語が中立的《ニュートラル》な容れ物、パイプラインではないことに気づいている。言語が変われば中身（思想）も変わる。人間がつくり出した最初のメディアたる言語が中立的でないなら、その後人間がつくったニューメディアである文字、電信、電話、ラジオ、テレビ、コンピューターが中立的であると考えるのはおかしい。あらゆるメディアは、何かを浮かび上がらせ、何かを隠す隠喩である。

ずいぶん前の話になるが、「帰国子女」の採用面接について面白い話が新聞に載っていた。ある大手企業の面接担当者が、入社の志望理由を聞いたところ、「御社の社風は自分に合っていると感じた。自分はまだ未熟だが、入社できたら先輩たちを見習って仕事を覚え、早く会社に貢献できるように頑張りたい」と日本語で言い、別の海外採用担当者が英語で同じことを聞いたところ、「自分が大学で学んだ専門知識は御社の事業の発展に貢献できると信じている。御社の中でキャリアを積んで大きな仕事をしたい」と英語で答えた、という笑い話である。これは笑い話でなかったのかも知れない。日本語それ自体がもつ文化圧力は、後者のような能動的で明言的な文体を許さないのかも知れない。

日本人とは日本語のことである

マクルーハンのメディア論は、電子メディアによるアルファベット文化圏の人間の変容を論じたものである。古代の人々には背中に眼があった。視覚だけでなく五感がフル稼働していた。活版印刷の影響で前方にだけ注意を向けさせる視覚が諸感覚の王座につき、他の感覚は後ろに退いた。視覚至上主義は、一つの固定した視点を強調することで合理主義・客観主義の錯覚を生じさせた。「近代精神」の誕生である。マクルーハンのメディア論は、西洋人の再部族化が主要なテーマである。

部族的存在とは、個人を集団から引き離せない人間であり、非部族化した人間とは、個人主義的人間である。マクルーハンは、集団主義、個人主義といったありきたりな言葉は使わず、部族的 tribal、非部族的 non-tribal と一風変わった人類学の用語を使って読者の注目を引いた。マクルーハンが毀誉褒貶がありつつも西洋社会で注目を集めたのは、西洋文明をつくった個人主義が電子技術によって損なわれ、西洋は再び部族化する、として西洋人の優越感を挑発したからである。歴史学者のシュペングラー（一八八〇〜一九三六）の名著『西洋の没落』の人間版と言えるかもしれない。

それまで人間精神は漸進的に進歩するものと考えていた西洋知識人にとって、マクルーハンが投じた「再部族化 re-tribalize」の響きは衝撃であった。「再部族化」とは聴触覚の回復のことであるが、視覚偏重の圧力下にある西洋知識人にとって、聴触覚的な再部族化とは自己喪失であり、進歩の遅れた東洋化であった。マクルーハンは、西洋の個人主義は、アルファベットが他の感覚から視覚だけを分離した結果生じたものであること、アルファベット以外の文字ではそれはできないことを次のように言っている。

> 人間はアルファベットによってのみ自分たちを「文明」にむけて非部族化、もしくは個人化できるからである。文化自体は、とくに芸術的には文明をはるかに越えて発達することもあろう。とはいうものの表音アルファベットなしには、中国人や日本人のように部族的存在のままで留まるのだ。わたしの関心は、あくまで人間の非部族化を可能にした五感の分離の過程にある点を強調しておこう。（M１／78）

個人主義が、何らかの技術的影響なくして「自然」に獲得されるものでないことは、個人主義を基礎とする近代文明を築いたのは、西洋だけであることからも否定しづらいことである。近代とは個人主義の別名であった。

アルファベットだけが人間を「非部族化」するというマクルーハンの主張は、漢字文化圏のわれわれにとってあまり気分のいい話ではないし、単なる文字記号にそれほどの違いがあるのかと思う人も多いだろう。だが、マクルーハンに限らず欧米知識人にとって漢字文化はまさに後進性の象徴ともいうべきものであった。

英語では「ABCのように簡単 It's as easy as ABC」という言葉がある。文化の問題はさておき文字表記の経済性、効率性という点に限っていえば、わずか二六文字で世界を書き表せるアルファベットは他の音節文字や表意文字と比べ明らかに優れている。エリック・ハヴロックの言葉では、「アルファベットは、空を飛ぶ鳥の一瞬を写し取るカメラのように、口から発せられて瞬く間に消えていく言葉をわずか二六文字で固定できる画期的な技術」なのである。

他の言語の翻訳（変換）も容易であった。アルファベットは他の言語にどんどん乗り移り、支配領域を拡大していった。西洋文明の攻撃性、侵略性はアルファベットの侵略性でもある。キリスト教の布教はアルファベット・リテラシー教育と二人三脚であった。

終戦直後の一九四五年一一月一二日付けの『読売報知』にはこんな社説が載った。「現在日本の常用文字たる漢字がいかにわが国民の知能発達を阻害してゐるかには無数の例証がある。特に日本の軍国主義と反動主義とはこの知能阻害作用を巧に利用した。八紘一宇などといふわけの解らぬ文字と言葉で日本人の批判能力は完全に封殺されてしまつた」。

この社説は当時の日本の支配者ダグラス・マッカーサーの考えをそのまま掲載したものだろう。マッカーサーは一九五一年の上院の聴聞会で「近代文明の尺度で測れば、われわれは四五歳で成熟した人間であるのに比べると、日本人は一二歳だ」と発言している。まだ日本人は成長途上だからこれからなんとでもなる、日本で民主主義は根付く、という肯定的な文脈での発言のようだが、当時の欧米指導層の日本や中国など漢字文化圏に対する認識は概ねこのようなものであったろう。時代は下って、今日の巨大IT企業Googleの持株会社の名がAlphabet Inc.であるのも、「デジタル文明を切り拓くのはアルファベットである」との自負《プライド》の現れに読める。「0」と「1」で表されるデジタルの概念は、音をこれ以上分けられない「音素」のレベルまで分解したアルファベットの産物である、というのが彼らの主張であろう。いずれにしてもわれわれ日本人が独自にメディア論を語るのであれば、日本の文字体系から始めなければならない。そうした試みは未だ十分ではないが無い訳ではない。

書道家の石川九楊は、著書『縦に書け!』のなかでこう言っている。「日本人とは、文化的には、日本国籍を有するという定義では十分ではありません。日本人を日々再生しているのは、日本語であり、日本語に蓄積した文体《スタイル》です。日本人とは、日本語の別名にほかならないのです」。『縦に書け!』は、パソコンやケータイが日本語を壊し、日本人の精神を荒《すさ》ませているとして、電子メディアの社会への浸透に批判的な立場で書かれているが、日本語の書字形式が日本人の精神に与える影響を論じた日本語のメディア論と言っていい本である。

GHQ(連合国総司令部)は、漢字の使用や縦書きを民主化の障害とみなして廃止・変更を試みたが、国文学者の抵抗もあってその政策は成功しなかった。教科書など左横組みになったものもあったが、今でも新聞や雑誌、書籍の多くは縦組みのままである。マンガや劇画も縦にコマが流れる。映画のシナリオもほとんどが縦組み、縦書きである。横組みの台本では日本語の発声がうまくできないという。ということはそれだけ日本語と縦書き「形式」は切っても切り離せない関係があるということである。

それが八〇年代以降、パソコンの登場によって日常の文字体験は劇的に変化してしまった。いつの間にかわれわれは左横書きの日本語を読み、書いて（タイプして）いる。それについて石川は、「「縦書き」でも「横書き」でも、文章の内容が理解できればどっちでもいいじゃないか、と考える人も多いでしょう。しかし、物を考えて、文章をつくる、という観点から見ると、そう簡単に結論づけられません。「縦書き」を「横書き」に変えれば、文字も、文そのものも、また文体も、つまり日本語のあり方が変わってしまうからです」という。

また大学で教えている学生たちに縦書き、横書きの両方で「私の人生」というテーマで文章を書いてもらったところ、縦書きでは、「歴史や社会とともにある自分」という形の文体が多く、横書きでは「私」を中心にした文体になる傾向があったという。「これは縦書きが天からの重力を受けとめ、その重さと力を意識しながら、ときにはそれに乗ったり、あるいは持ちこたえたりしながら書き進んでいく、つまり社会や環境と対話せざるをえないことの結果であり、一方、横書きは天から降りそそぐ、重力の下を、ひたすら走り抜けるようにして書いていくことの結果です」。

さらに表音文字の欧米語は「話す言語」であるが、日本語は「書く言語」であるともいう。漢語と和語があり、漢字、ひらがな、カタカナがあり、漢字の音読みと訓読みがあり、音読みも呉音、漢音、唐音があるという世界でも珍しい複雑さ、多様さは、同時に日本語の繊細さも生んでいる。日本語の場合、式典のあいさつのときに、話しかけるようなスタイルで話すことばより、熟慮のうえ書き上げられたものを読み上げるスタイルの方が心に残る。書き言葉によって日本文化はつくりあげられてきた。とりわけ日本語においては仮名文字は大きな役割を果たしてきた。鈴木大拙も言っている。「女性は仮名文字を発明しそれを駆使して女性文学を創作した。漢字に支配されてゐる限り、日本文学なるものは、どうしても発展の途が見つからなかつたであらう。女文字が出来たので、日本の文化は漢字文化から独立した。『源氏物語』や『枕草子』は女の手で出来たものである。女の作つた仮名文学の性格はやゝやはらぎで尽きてゐる。漢字の硬いのに比べると比較にならぬほど柔軟性に富んでゐる」（「やはらぎ」『鈴木大拙全集』第21巻、155）。

一方、鎌倉時代になって滅亡した南宋の僧侶・知識人が多数日本に亡命してきて大陸直輸入の漢詩・漢文の再興が起こり、日本語に新しい文体が生まれた。それが現代に続く和漢混淆体（漢字仮名交じり体）である。和漢混淆体によって鴨長明の『方丈記』や『保元物語』『平家物語』などの軍記物語、親鸞の教えを説いた『歎異抄』が生まれた。王朝時代に多数の歌人を輩出した和歌からは目立った歌人は生まれず、勅撰和歌集の編集もわずかな例外を除いて行われなくなった。文学の変化は作者とその時代の心性の変化を表している。それは表記体系や表記手段を含む言語の変化の反映である。

マクルーハンが言うように、言語がプロパガンダであるとするなら、日本語で思考することがまだ完成されていない小学生から英語教育を行うことは、子供を英語のプロパガンダに晒すということである。母語と母国語がほぼ重なる日本では、日本語で思考することにより、（国籍でも民族でもなく文化としての）「日本人」になる。もし英語を母国語とする教育政策が採られたなら、日本列島の上に「日本人」はいなくなるだろう。

逆に日本が移民社会に移行しつつある今日、「日本人」という文化を守りたければ、表記体系も含めた徹底的な日本語教育《プロパガンダ》が何よりも有効ということになろう。文化の多様性を掲げる教育プログラムを促進したとしても、それが徹底的に「日本語」でなされるなら、深刻な国内分断を回避できる。メディアはメッセージというわけだ。

ところで、コンピューターによって影響を受けているのは日本語の表記だけでない。マクルーハンは、活版印刷技術によってその潜在力の頂点に達したアルファベット文化も、新しい右脳的電子情報環境の中で生き残っていくためには変革の時期にきているという。「読書障害とは、すべての文字や言葉に対して、ひとつの固定した視点をとり得ない状態のことである。逆に言えば、文字や言葉に対して多数の視点から同時に（右脳的やり方で）アプローチしようというのだが、もっとも、どれかひとつ正しい視点があるとはしないのである。圧力は続き、われわれの左脳的アルファベットの厄介も続くだろう。芸術家としての、そして「人類のアンテナ」としてのキュビストたちは約七十年前にこの転換を発見し、この感覚様式の文法を探求した。およそ文字文化が西洋世界において次世代まで生き残ろうというのなら、われわれの筆記体系は、右脳の感覚と満足に合う鋳型ですぐにも完全に鋳直されなければならない。例えば、現在のアルファベットの書記体系を五十や七十文字からなる音節文字に置き換えることになるかもしれない」（M３／１０５）。

言語写実主義が言語を破壊する

文法家マクルーハンの関心は言葉の持つ創造性である。言葉は伝達の道具以上に思考と創造の道具である。一方、「弁証家は一貫して言葉から共鳴的な力を剝ぎとろうとし、それを命なき無色透明な記号にと固定化し、ミイラ化しようとするわけだが、それは、詩人や釈義学者にとっては死を意味する」（M3／277）。マクルーハンが、言語を健全に維持するための詩人たちの苦闘を語るにあたり、引用するのはT・S・エリオットの詩である。

こうしてぼくは今、人生の道なかば。言葉の用い方を
会得しようとして二十年を過ごし——二つの戦争にはさまれた二十年を
大方むだに費して。しかもどの試みも
全く新しいスタートの繰り返し、ちがった失敗の連続。
言葉が少し上手に使えるようになると、それは
もう言う必要のない事にふさわしい言葉、もう使いたくない
表現にぴったりの言葉。（「イースト・コウカー」第五歌、『四つの四重奏曲』156—157）

言葉は、
重荷を負わせ、きつく引張れば
張りつめ、ひび割れ、時には折れ、不正確に用いれば

うわ滑りし、滑ったあげくに死滅し、朽ち果てる。治《おさ》まりにくく、
静止しようとしない。（「バーント・ノートン」第五歌、『四つの四重奏曲』149―150）

弁証家の子供である活字人間は、世界は自分とは関係なく存在し、正確な語を使えば写真のように世界を余すところなく描写できると考える言語写実主義者である。比喩的な表現は、世界の描写をピンボケにしてしまうと考える。しかし、我々が字義通りと思っている言葉の多くは「死んだ隠喩」に過ぎず、無意識の中でその隠喩的思考をとおして世界を観ている。「入口／出口」も、「気が晴れる／気が沈む」も、「アイディアが豊富である／アイディアが尽きる」も、「理論を構築する／理論が崩壊する」も隠喩《メタファー》である。言語写実主義者が言葉の曖昧さを嫌うのであれば、言葉を抹殺するしかなくなってしまうのである。

美しいことだね、言語の破壊というのは。むろん最高の浪費は動詞と形容詞にあるのだが、同じように始末すべき名詞も何百とあるね。同意語《シノニム》ばかりじゃない。反対語《アントニム》だってそうさ。結局のところ、ただ単にある言語と正反対の意味を持つだけの言葉なんて、一体どんな存在価値があるというのかね？　一つの言葉はそれ自体、正反対の意味も含んでいなくちゃならん。例えば“good”《グッド》（良い）の場合を取り上げてみよう。“グッド”みたいな言葉があるなら、“bad”《バッド》（悪い）みたいな言葉の必要がどこにあろう。“ungood”《アングッド》（良くない）でじゅうぶん間に合う――いや、その方がましだ、まさしく正反対の意味を持つわけだからね。もう一方の言葉はそうじゃないん

だ。あるいはまた、もし〝グッド〟の強い意味を持った言葉が欲しければ、“excellent《エクシレント》”（優秀な）とか“splendid《スプレンデイツド》”（見事な）といったような曖昧で役に立たない一連の単語を持っていても仕方がない。“plusgood《プラスグツド》”（plus はラテン語で英語の more〈さらに〉に当たる）という一語で間に合う。もっと強い意味を持たせたければ、“doubleplusgood《ダブルプラスグツド》”といえばよい。もちろんわれわれはこれらの方式をすでに使っているが、しかし新語法の最終的な表現では、これ以外の言葉は存在しなくなるだろう。結局、良いとか悪いとかの全体的な概念は僅か六つの単語で——実際にはたった一つの単語で表現されることになるだろう。君には分らないかね、そうした美しさは、ウィンストン？　もともとはBBのアイディアなんだよ、断るまでもないことだが。（ジョージ・オーウェル『1984年』66—67）

一九四九年に発表されたイギリスのSF作家、ジョージ・オーウェルの傑作『1984年』は、電子メディアによって完全な監視社会が実現した近未来を舞台にしている。一九五〇年代に勃発した核戦争後、世界はオセアニア、ユーラシア、イースタシアの三つの超大国によって分割統治されている。

小説の舞台となるオセアニアでは、思想・言語・結婚などあらゆる市民生活に統制が加えられ、市民は「テレスクリーン」と呼ばれる双方向テレビジョン、さらには町なかに仕掛けられたマイクによって、電話線に差し込まれた盗聴プラグによって、屋内・屋外を問わず、ほぼすべての行動が当局によって監視されていた。エドワード・スノーデンが告発した現代のネット監視社会を予告するオーウエルの想像力に驚かざるをえない。

『1984年』には、BB（Big Brother〔偉大な兄弟〕）の発言と現実を一致させるため「公文書」を改竄《かいざん》する真理省の役人ウィストン・スミスの姿が描かれている。電子技術が発達しても、記録は「印刷されたもの」というのは、オーウェルが生きた印刷文化の特性を表している。印刷文化では、印刷されたものだけが「真実」で、紙でなければ証拠にならないのである。裁判でも証言は紙に印刷されて初めて証拠になる。終戦の一九四五年八月一五日、東京の空は空爆ならぬ役所の公文書を焼く煙で真っ黒だったという。印刷以前には、目より耳のほうが信頼できた。「目で見るものはときに人を欺くことはあっても、耳で聞くものなら保証つきも同然である」とは、ミラノのアンブロシウス（アウグスティヌスの師）の言葉である。今日の語彙の中にもその痕跡はある。「会計監査」は英語ではauditという。会計監査《オーディット》とは、すなわち聞く（hear）ことであった。財務報告は、勘定を大きな声で読み上げさせ、耳で聞くことによって検査を行っていた（オング「印刷、スペース、閉ざされたテキスト」／クローリー＆ヘイヤー編、一九九五年）。印刷以前、目で見るよりも聞く方が、より確実に理解する方法だったのである。印刷文化の浸透によって優位に立った視覚の地位が再び揺らいでいる。書かれたものの権威が衰えるとともに、真実の在りかが分からなくなっているのが今日である。

『1984年』では、記録は新語法（ニュースピークス）で書かれる。新語法ではコンピューターのコマンドのように人々に想像力を働かせないよう語の意味は厳密に定義され、数は制限されている。ここでも言葉の曖昧さを許さない印刷文化の本質が鋭く描写されている。口誦文化を起原とする詩と隠喩は、当局の統制なくしても印刷文化によってすでに弱体化させられていたが、新語法《ニュースピークス》は散文に残された言葉の多義性までも奪おうとしているのである。マクルーハンが好んで引用するワーズワースの「解剖しようとして殺してしまう」ではないが、言語を厳密に定義しようとすると言語《ニュースピークス》の破壊に反転してしまうのだ。「言語は詩である。一篇の詩は言語の富が十全に活用されたもの、と言うに尽きる」（シューエル、二〇一四年）。

メディアはメタファーである

マクルーハン理解者であったニューヨーク大学のニール・ポストマンは、「メディアはメッセージである」では十分ではなく「メディアはメタファーである」に変更すべきであると著書『愉しみながら死んでいく』で主張している。マクルーハンも初期の著作から「メディアはメタファーである」ことを示唆してはいたが、はっきりと言い切ってはいなかった。

ポストマンが「メディアはメタファーである」ことを強く主張するのは、若いころ勉強した『旧約聖書』の中に、メディア形式は特定の内容を好み、そのために文化を支配できるという暗示を得たことだという。それというのはモーゼの十戒第二条の「汝、如何なる偶像をも心に刻むことなかれ、天の上にあるもの、地の下にあるもの、地の底の水にあるものに似た、いかなる偶像をも心に刻むことなかれ」である。ポストマンは続けて、「そのとき、わたし以外の人も考えたことだろうが、イスラエル人の神が人間の体験を象徴化するかどうかという教えを、なぜ取り入れたのか不思議に思った。これを書いた者が人間のコミュニケーションの形式と文化の質との関連を想定していない限り、倫理体系の一部にそういう教えを取り入れろというのは、おかしな命令だ」と書いている。

ユダヤ教・キリスト教は偶像崇拝禁止の宗教である。神の言葉だけを信仰の拠り所とする。古代イスラエル人は、「メディアがメッセージ」であることを分かっていた。古代人にとって、メッセージとメディア形式は分離できない一体のものであった。形式が変わればメッセージも変質してしまうことを知っていた。

メタファーが経験を変形して伝達するようにメディアもまたそうする。媒体であれ、道具であれ、概念であれ、人間がつくった人工物《アーティファクト》たるメディアは、言葉同様に人間が内部から発したもの、すなわち発話《スピーチ》である。それゆえ、言語同様、修辞学研究の対象となり得る。

ポストマンの助言を受けてなのかどうかは分からないが、後年、マクルーハンは「メディアはメタファーである」ことを強調するようになった。「メディアはメッセージである」は、遺作『メディアの法則』において最終的に「メディアはメタファーである」に修正され、言語として探求されることになったのである。

言語は、経験を蓄積するのみならず、経験をひとつの様式から別の様式に翻訳するという意味で隠喩である。通貨は技能と労働を蓄積するとともに、ひとつの技能を別な技能に翻訳するという意味で隠喩である。しかし、交換と翻訳の原理あるいは隠喩は、われわれの感覚のどれかを別な感覚へと翻訳する理性の力がこれを管掌するが、われわれはこれを一生のあらゆる瞬間にやっているのである。アルファベットであれ車輪であれコンピュータであれ、特別な技術的拡張物にともなう代償があって、それはこうした大規模な感覚拡張物は閉鎖系になるということである。

……どんな新しい技術のことばであれ、その使用者を包みこむ地が、使用者と文化双方を、マッサージし、新しくつくり変える。（M3／286―288）

メディアあるいは技術によって五感の関与度（感覚比率）が変わり、それによって経験は別のものになる。マクルーハンは、「かりに、星条旗を掲げる代わりに、一枚の布に「アメリカの旗」と書いて掲げたら、どういうことになるか。記号は同一の意味を伝えるであろうけれども、効果は完全に異なるであろう。星条旗の視覚的に豊かなモザイクを文字形式に移し変えてしまえば、それと一体化したイメージや経験の質の多くが奪い去られてしまうであろう」（M2／84）とも書いている。「星条旗」と「アメリカの旗と書いた布」では、「意味」は同じくとも異なるメディアであり、受け手の感受性に与える効果（effect）が違うことは明らかである。だがメッセージの「意味」に囚われた活字人間は、その効果に無頓着であることがしばしばある。「メディアはメッセージである」、あるいは「メディアはメタファーである」とは、受け手の感受性に焦点を当てよ、ということでもある。意味は、受け手の感受性が作り出すのであるから。

技術の衝撃は感覚全体の個々の比率を変化させる。ラジオの効果は視覚に及び、写真の効果は聴覚に及ぶ。マクルーハンは、技術が人間の感覚に及ぼす影響を語るとき、ウィリアム・ブレイクの長篇詩「イェルサレム」の一節をよく引用した。

もし知覚器官が変われば、知覚の対象も変わるらしい。

もし知覚器官が閉じれば、その対象もまた閉じるらしい。（M2／48）

ヒットラーとラジオについて述べた次の一節も有名である。

一九三六年三月十四日ミュンヘンにおけるラジオ演説で、ヒットラーは、「余は夢遊病者の確信をもってわが道を行く」と述べた。しかし、彼の犠牲者も彼の批判者も、同じように夢遊病者的であった。彼らは彼らの中枢神経組織の拡張であり、すべての人間を深層において関与させずにはおかないラジオという部族の太鼓に合わせて、恍惚となって踊ったのである。……ヒットラーの統治下にテレビが大規模に普及していたら、彼はたちまち姿を消していたことだろう。テレビが先に登場していたら、そもそもヒットラーなぞは存在しなかったろう。（M2／309—310）

技術決定論的なマクルーハンの言葉に賛否両論が渦巻いたが、確かに当時テレビがあったなら、映画俳優がテレビに出たときのように、ヒットラーのオーラは失われ、もっと身近な人間に映ったことだろう。映画のフィルムにはクローズアップされたヒットラーの表情にカリスマ性が刷り込まれるが、平板なテレビ画面ではそうはいかないのである。

もっとも、レニ・リーフェンシュタールにプロパガンダ映画を作らせたり、ラジオ演説ではレトリックを駆使していたヒットラーは、マクルーハン以前に「メディアはメッセージである」ことに気づいていた人間だった。政権を取ってラジオを宣伝に利用できるようになったヒットラーは、インタヴューに応えて、「音は、画像よりも暗示性が強い。ラジオの可能性を利用し尽くすことを、これから学んでいかねばならない」（『ヒトラー演説』136―137）と語っている。であれば、不用意にテレビに出ることはしなかったであろう。

マクルーハンはテレビの効果について、「フルシチョフがアメリカのテレビに出たとき、彼はニクソンよりもうけがよかった。それも道化役として、また愛すべき好々爺として。彼のような外貌はテレビによって漫画的人物に変えられてしまう。それにたいして、ラジオは熱いメディアであって、漫画的人物をも大まじめに受けとめる。フルシチョフ氏のような人物もラジオに出れば、話はまったく変わってくるであろう」（M2／310）と書いている。

日本では、佐藤栄作首相が「新聞は嫌いだ」と言って新聞記者を追い出して、テレビカメラに向かって退陣の会見をしたことがあったが、佐藤栄作はむしろ活字と写真に依拠した新聞というメディアの時代の指導者で、あの強面《こわもて》は決してテレビ向きではなかった。佐藤の後を継いだ田中角栄は、テレビ時代の指導者としての資質を完璧に備えていた。理屈ではなく情と笑いを演説の基本として絶大な人気を博した。新しいメディアが新しいタイプの指導者を生み出す。インターネット時代を象徴する指導者の出現は日本ではまだだが、米国ではすでに現れたようだ。

我々の感覚生活はその時代のメディア環境という「地」によって支配されている。人間がメディアを作る。メディアは「環境（地）」を作り変える。しかる後、作り変えられた環境は我々の感覚比率を変え、我々の世界の見方を変える。富士山の形状は江戸時代からほとんど変わっていないが、江戸時代の人々が見ていた富士山と我々が見ている富士山は同じではない。浮世絵に描かれた富士は実際よりもはるかに急角度でそびえ立っている。広重も北斎も、意識的に実際の富士山をデフォルメして描いたというよりも、それが当時の人々にとっての富士山のリアリティであったのだ。日本人の広重や北斎だけでない。幕末に来日した西洋人も同じように急峻な富士山を描いている。富士山を視界に収め、実際に見るしかその形状を認識できなかった時代の人間と、写真・映像によって様々な角度から再生される富士山が、向こうから飛び込んでくる環境に生きる現代人とでは、「見る」という知覚作用に変化が生じるのは当然であろう。

デジタル技術の浸透という社会の「地」の変化が、現代人の感覚生活も変えつつある事例は他にもある。一九九〇年代、デジタル技術が日本社会に広く浸透し始め、LPレコードが消え、CDが急速に普及した。その頃から演歌が売れなくなった。ある音楽プロデューサーは、演歌が売れなくなったのはCDのせいだ、と新聞で主張していた。そうした意見はあまり賛同は得られなかったようだが、ワルツは機械の感覚が、ジャズはラジオの感覚が、ロックはテレビの感覚が生んだと主張したマクルーハンならこう言って賛同してくれただろう。「デジタル技術は日本人の感覚比率に変化をもたらした。それまでのアナログ環境の中で安定していた日本人の感覚比率がデジタル技術の侵入で揺らぎ、それまで受け入れられてきた演歌の節回しやこぶし、スピードが受け入れられなくなったのだ」と。

マクルーハンのアナロジー思考

隠喩（メタファー）が「思考方法」の問題であるとすることに抵抗があるのは、哲学や論理学が隠喩の問題を避けてきたせいでもある。哲学、論理学と親密な関係にあった近代科学では、隠喩の使用がタブー視されてきた。だが、隠喩が思考方法の問題であることはアリストテレスの定義にも示唆されている。

科学的思考の方法は、演繹、帰納、類推（analogy）などがあるが、この三番目の類推（analogy）は、アリストテレスの隠喩分類の四番目「比例関係 analogy による転用」と語源は同じである。この四番目が今日の狭義の隠喩である。アナロジーは、修辞学では「比例関係」あるいは「類比関係」と邦訳され、論理学では「類推」と訳されるが、語源は、古代ギリシャ語で「比例」や「比率」を意味する数学用語のアナロギア（analogia）である。それがギリシャ哲学思想の展開のなかでより広い意味を持ち、個々の物事の間の構造的な比例関係に基づく論理的な推論を意味するようになった。構造的な比例関係とは「AがBに対する関係が、Cに対するDの関係に類似している」ことである。

アリストテレスは『詩学』のなかで、隠喩の比例関係による転用に関して「比例関係とわたしがいうのは、第一のものにたいする第二のものの関係が、第三のものにたいする第四のものの関係と同じである場合のことである」（『詩学』80）と「関係の類似性」によるものであるとはっきり言っている。アリストテレス以降、隠喩は狭い修辞技術の中に押し込められてしまったため、論理学のアナロジーとは別な扱いを受けてきたが、本質的に同じである。隠喩はアナロジー思考を促す技術なのである。マクルーハンの言葉には、隠喩とは言えなくても、アナロジーを喚起するフレーズが実に多い。

誰が水を発見したかは知らないが、それが魚でないことだけは確かだ。

とマクルーハンは言ったが、マクルーハンの伝達の意図は「人間は自分の周りの環境を認識できない」ということであったから、「人間が環境を発見できないのは、魚が水を発見できないのと同じである」というアナロジー的理解を促している。「人間が環境を認知できない」ことをどんなに字義通りの言葉で「説明」したところで、聞き手が腑に落ちるような理解に達するのは容易なことではない。それを魚と水の関係に喩えて一瞬にして理解させることに成功している。同じことを「産業社会人は、いわば、自ら背負っている甲羅の美しさに気がつくことのない亀のような存在である」（M4／17）と上手な喩えで言っているが、やはり説明的な分だけあまり話題にならなかった。ではもっとも物議を醸した

メディアはメッセージである

はどうか。これも一応、メディア形式と内容（コンテンツ）がそれぞれ与える受信者への効果（エフェクト）の比例関係から着想したものである。つまり「メッセージ（意味）は受け手に効果《エフェクト》を与える」、「メディア形式がもたらす経験の変化は受け手に効果《エフェクト》を与える」、「受け手に効果《エフェクト》を与えるという点でメディア＝メッセージである」といったアナロジーが成り立つ。だが、メディアという用語が今ほど一般的でなかった一九六〇年代、“The Medium is the Message”は、ほとんど「パイプライン

はメッセージである」に近いニュアンスであったため、読者にとっては思いもよらない逆説となった。メディア技術そのものの影響を言いたいのであれば、メディアはメッセージなどと言わずに、「メディアの形式が内容《コンテンツ》同様に人間に影響を与える」と言えば済んだ話ではないか、といった主張をときどき目にするが、今日、マクルーハンを理解するための試みというのは、多かれ少なかれこうした「マクルーハンの放った言葉の装飾を剥ぎ取り、理性が理解できるように線的に秩序立てする」努力である。それは一つのマクルーハン理解の方法であるが、親鸞の「善人なおもて往生をとぐ。いわんや悪人をや」の逆説で浄土真宗が日本最大の仏教宗派となったように、逆説は時に思いがけない大きなインパクトをもたらす。

今日、"The Medium is the Message"を逆説と捉えることは難しくなったが、マクルーハン旋風とは、この逆説が引き起こした旋風だった。竹村健一は、"The Medium is the Message"を、当時のニュアンスどおり「媒体はメッセージなり」と訳していた。「メディアはメッセージ」と日本語に訳するのは、英語のMedia, MessageのMeの音の繰り返しを狙ったマクルーハンの遊び心は伝わるが本来の逆説的な効果が薄れてしまうのが残念である。

現代人はバックミラーに映った過去を見つめながら、未来に向かって後ろ向きに突き進んでいる。

は、六〇年代のマクルーハン・ブームの頃から企業経営者には人気のあった警句である。この言葉の

今日、真に「リテラシーのある人間」であるためには、無数のメディアについて「リテラシーのある人間」でなければならない

イメージ喚起力は、「地球村（グローバル・ヴィレッジ）」と並ぶマクルーハン・フレーズの真骨頂であろう。現代人が置かれた危険な状況を「車の運転」に見立ててアナロジカルに注意喚起した見事な警句となった。

かつて登場したばかりの自動車を「馬なし馬車 horseless carriage」と呼んだように、我々は新しいものを古いものを通して見ている。私がトロントの書店で見たビジネス書には、フロントガラスの向こうに見える「過去」の風景を凝視しながらアクセルを踏み続けている運転手のイラストが描かれていた（前方の風景が「過去」だと分かるのは、フロントガラスの向こうに見える先行車の運転手がこちらを向いているから）。遠ざかる過去を見つめながらハンドルを握る運転手は、企業というヴィークルを操縦する経営トップのアナロジーである。経営トップが潜在的にかかえる不安感をこれほど鮮明に浮かび上がらせた言葉も他にないだろう。当時の大企業トップのマクルーハン詣での理由がよく分かる。

マクルーハンの博覧強記とパターン認識

一九六〇年代、古今東西の、あらゆる分野の知識が淀みなく口から飛び出すマクルーハンは何でも知っている博覧強記の学者として評判であった。日本でもその博覧強記ぶりは知られていたようで、大橋巨泉の「世界まるごとＨＯＷマッチ」にビートたけしが「私は漫才界のマクルーハンと呼ばれていまして、何でも知っています」と言いながら登場してくるシーンがYouTubeで観られる。

マクルーハンの博覧強記ぶりは、マクルーハンがまだマニトバ大学の学生だった頃からの読書習慣に始まりがある。マニトバ大学に入学した最初の二年間、マクルーハンは、工学、英文学、地質学、歴史、ラテン語、天文学、経済学、心理学といった幅広い分野の勉強に取り組んだ。当初は、工学を専攻しようと考えており、初めから英文学専攻を決めて入学した訳ではなかった。リベラルアーツ（自由学芸七科）の伝統もあっただろうが、マクルーハンの旺盛な知的関心が彼を多様なジャンルの読書に向かわせた。

マクルーハンは普通の学生とは違って社交の場には顔を出さず、ほとんどの時間を図書館で過ごすような読書家だった。後に英文学を専攻することを決めたマクルーハンにとっての最大の問題は、彼が読まなければならない価値ある英文学作品をすべて渉猟するには人生は短すぎる、ということだった。そこでマクルーハンは読んだ本や記事の内容を無駄なく理解するための方法をいろいろ思いついた。重要な文学者については、その作家の人生と作品についての簡潔な要約を添えて時系列的に整理した。小説家については、物語文学における役割を記したメモを添えてリスト化した。『リーダーズ・ダイジェスト』の面白い記事の最後には短いコメントを入れ、本にアンダーラインを引く代わりに本の裏表紙に重要と思った箇所の索引を作った。

『メディアの法則』でも、マクルーハンが本を書く際の方法の一端が紹介されている。マクルーハンはまず一、二ダースのファイルを用意して、思いついたことは、それが重要であろうと些細であろうとメモにしてファイルの中に放り込んだ。封筒の裏に書いた走り書きのメモ、新聞の切り抜き、誰かに送った自分の手紙の写しなどもあった。マクルーハンは、そうして集めた膨大な情報を論理的に記述するのではなく、パターン認識を使ってアナロジカルに編集していった。

マクルーハンは、「情報過多にあってはパターン認識が有効であるばかりでなく、唯一正しい方法である」と言ったが、情報過多が論理を不可能にすることはマクルーハンの著作を見れば明らかであろう。マクルーハンの著作は多方面からの資料過多によって論理的な理解を阻むようにつくられている。インターネット情報空間を紙の上に実現したような本である。情報過多においては論理的な推論は不可能で、あえてそれをやろうとするなら、入手するデータを単一チャネルに絞り、さらに論理に適合するもののみを残して論理に合わない情報は捨てるしかない。それでは現実把握から遠ざかることはあっても近づくことは決してないであろう。一方、パターン認識とは、個別事象に共通点を見出し、それを通じて新しい事態に対処する知見を得る方法であるが、これはまさしくアナロジー思考のことである。

マクルーハンは、「Aに対するB」を知るために「Cに対するD」を、さらに「Eに対するF」を、膨大な記憶データベースから引っ張り出してきた。「ハイファイへの転換は、まさにかつてキュービズムが絵画にたいして、サンボリスムが文学にたいしてもったと同じ意味を、音楽にたいしてもつことになった」(M2/290—291)。「話があちこち飛ぶ」、「首尾一貫していない」との批判を受けるのは当然であるが、それがマクルーハン風(マクルーハネスク)なのである。マクルーハンから投げかけられたアナロジー的フレーズによって、読者、聴衆には直観的な理解がもたらされる。あらゆる情報が捨てられず、いつでも取り出せる心的用意があったからこそ「博覧強記」なのである。論理的思考の人は、どんな大学者であっても「博覧強記」にはなれない。

第5章 カトリシズムとレトリックの知

雑誌『探求』6号表紙

〈マクルーハンのことば〉

私たちが中国語を話したなら、私たちは聴覚と嗅覚と触覚に違った感覚を持つことだろう

カトリックへの改宗と隠喩《メタファー》

一般にわれわれ日本人は、マックス・ウェーバーが「プロテスタンティズムが資本主義の起原である」と言ったことに代表されるように、西欧の合理精神、科学的精神を生んだのはプロテスタントであり、カトリックは迷信にとりつかれ中世的非合理世界に取り残された古くさい宗教、という印象を持つ。その古くさい宗教にマクルーハンが改宗した理由は、マクルーハンがケンブリッジから母親に宛てた手紙に詳しく語られている。

> カトリックは、唯一無二の宗教です。他のあらゆる宗派はその派生なのです。仏教やそれと似た東洋の哲学や神話は、どんな意味でも宗教ではありません。それらには、契約 covenants も秘跡 sacraments も神学体系もありません。……カトリックだけが、豊かな土台の伴った遊戯や哲学や詩や音楽や歓喜や友情を生み出す、そうしたあらゆる、たかだか人間の精神機能に過ぎないものを祝福し、利用しています。……私が言うまでもないことですが、現代産業社会の状況と不安に関わる特に憎むべき残忍で非人間的な事柄の全ては、プロテスタントがその起原というだけではありません。彼らはなんとそれを生み出したことを自慢しているのです。(『*Letters of Marshall McLuhan*』72–73)

若い頃のマクルーハンのプロテスタント嫌いは相当のものだが、次の文章中の「呪術」を「隠喩」に置き換えて読めば、マクルーハンの改宗の理由「已むに已まれぬ文化的好奇心」とは何かが分かる。

すなわち教会や聖礼典による救済を完全に廃棄したということ（ルッタートゥムではこれはまだ十分に解明されていない）こそが、カトリシズムと比較して、無条件に異なる決定的な点だ。世界を呪術から解放するという宗教史上のあの偉大な過程、すなわち、古代ユダヤの預言者とともにはじまり、ギリシャの科学的思考と結合しつつ、救いのためのあらゆる呪術的方法を迷信とし邪悪として排斥したあの呪術からの解放の過程は、ここに完結をみたのだった。真のピュウリタンは埋葬にさいしても一切の宗教的儀式を排し、歌も音楽もなしに近親者を葬ったが、これは心にいかなる「superstition」（迷信）をも、つまり呪術的聖礼典的なものが何らか救いをもたらしうるというような信頼の心を、生ぜしめないためだった。（『プロテスタンティズムの倫理と資本主義の精神』１１４）

マクルーハンは、宗教が「隠喩的体験」であることが分かっていた。プロテスタントが排斥した契約、秘跡、宗教的儀式、歌、音楽、教会建築の装飾、聖職者の祭服、そうした宗教儀式と伝統のすべてが神の存在を語る隠喩なのである。マクルーハンは竹村に「カソリシズムの複雑な儀式化の過程に長年魅了されてきた」と語っている。カトリック教徒にとって、信仰はイデオロギーや思想、信念といった概念の問題ではなく、知覚様式の問題である。それは「知る」方法である。信仰心は、見ることや聴くこと、触ることと同様に現実的なことである。カトリックはそうした考えを維持していた

伝統的な俗語（土地の言葉）は、それ自体偉大なマスメディアだ。つまり、特殊化された枠組みであり、経験の媒体だ

が、プロテスタントは信仰を理論あるいは概念であると考えた。そのプロテスタントの合理精神は、マクルーハンが最も嫌悪する「文学や芸術分野への不寛容」となって現れた。

カトリック教会はプロテスタントが捨て去った古代文化、即ち「レトリックの知」の保護者・伝達者であった。マクルーハンのカトリック教会へのアプローチは、そのまま電子メディア環境を理解する方法となった。それはマクルーハンが好んで使う「インヴォルヴメント」ということである。信仰とは客観的に理性的に理解するものではなく、全人格的な体験、インヴォルヴメントでなければならない。マクルーハンは現代社会の理解の方法も同じであると考え、そのことを説明するとき、エドガー・アラン・ポーの『メエルシュトレエム（大渦巻）に呑まれて』（一八四一年）をしばしば引用している。

水夫が乗った船が大渦巻に巻き込まれ、気づいたら船は凄いスピードで渦の内側の壁を旋回していた。船は一挙に渦の底に落下したわけではなく、渦巻きを観察する時間があった。渦の中には、壊れた船の破片が浮かんでいたが、破片の中で渦の底に沈んでいくものとそうでないものとがあった。冷静に観察した水夫は、渦巻きの外に出ていくものにつかまって脱出できた、という話である。

渦巻きにインヴォルヴされたとき、水夫は全感覚を使って、しかも楽しみながら渦巻きを知ろうとした。そうすることで渦巻きから逃れる流れを発見できた。マクルーハンは、信仰体験から学んだ知覚の働かせ方を現代社会の理解に当てはめていた。メディア社会という「自然の書物」と聖書という「書かれた書物」を並置させ、知覚を使って「知る」ことに努めたのである。

写本は「聴触覚メディア」

宗教世界と世俗社会は、現代先進諸国では完全に分断されている。それを我々は近代と呼んでいる。そこでは相互不干渉で両者のコミュニケーションはない。中世においては、両者は地続きでもっと渾然一体となって社会の中で共存していた。現代からみれば、中世社会は迷信と宗教的儀式に縛られた不自由な時代に見える。だが、社会が世俗と宗教に今ほど分断されていなかったという意味では統合された社会であった。

今日の両者の分離を招いたものは、政教分離令のような法律や諸制度ではなく、世俗社会における「隠喩」の喪失である。印刷文化の合理精神が日常から隠喩を奪った。印刷本以前には写本があったが、美しい装飾や図像が施された写本は近代の印刷本とはまったく違うメディアであった。写本の図像は、修辞学や口誦の文化が知識を管理するために必要とする記憶術に結びついていたが、正確に反復できる印刷の視覚的な特性は、知識を管理するために図像に頼ることを減らし、正確な言葉づかいによる科学的な記述を促した。

マクルーハンは、『グーテンベルクの銀河系』で、写本文化が会話的であったこと、古代・中世を通して「読むこと」は、音読を、ときには誦詠すら意味していたことを、資料を示しながら詳細に説明している。では、写本の時代には黙読はまったくなかったのかというとそうではない。マクルーハンも挙げているが、聖アウグスティヌス（三五四〜四三〇）の『告白』には、師のアンブロシウスの読書生活についての次のような記述がある。

彼が読書していたときには、その目はページを追い、心は意味をさぐっていましたが、声と舌とは休んでいました。(『告白』191)

アウグスティヌスがこう書くほど、黙読は異例なことで、この不思議な人物の読書風景を一目見ようと見学者すら出る始末だったのである。写本は一人読むものではなく、聴衆を前に声に出して歌うようにして読むものであった。文章にも精密な描写はなく、書かれていないところは読み手が身振り(ジェスチャー)で補う「聴触覚メディア」であった。それゆえ、写本は声の文化に内在する隠喩的な想像力を奪いはしなかった。それが印刷本によって、声から文字への媒体(メディア)の転換が起きた。聴覚的な動的世界は視覚的な静的世界に翻訳され、文学から、日常から、修辞的機能が失われていった。

書物としての「自然」と「聖書」を読み解く文法学《グラマー》と修辞学《レトリック》

グーテンベルク以前、キリスト教の文法学者は、森羅万象が神の言葉として示されている『創世記』において、聖書と自然(ラテン語では「今、まさに生まれようとしている」という意味)のあいだに図と地の絶妙な相互作用を発見した。文法学は、中世ヨーロッパにおいては、ラテン語を中心とした文法と語源と釈義を教える学問で、百科全書的伝統の中心学問であった。「自然という書物」を解明することは、神のことばが書かれた「聖書という書物」同様に、神の意思や摂理を理解することであった。この二つの書物を解釈する技法として、文法学《グラマー》と修辞学《レトリック》は一対の学問として発展した。

マクルーハンが「あらゆるメディアは言語である」というとき、文法学的手法で、現代のメディア社会の文法と構文を読み解く、と言っているのである。弁証学《ディアレクティック》が、参照すべき地を持たず、図のみによって抽象的に思考するが故に視野が狭く硬直的な文明の解釈となったことを批判し、自然と聖書という二つの書物の相互作用の伝統を持つ文法学と修辞学を使って、メディア社会の多義的解釈を回復させる「新しい学」の試みが『メディアの法則』であった。

こうした隠喩的解釈は、現代の科学主義の精神とは相容れないように見える。だが、もともと西洋の近代科学はキリスト教の外部から生じてきたものではなく、内部から、すなわち神が創造した自然を解明しようとの格闘の中から生まれたのである。近代科学においては未知のものを「モデル」を用いて語るが、このモデルこそ隠喩である。マクルーハンは、こうした事情をターベインを引きながら説明している。

> 今日われわれがデカルトおよびニュートンの体系にその存在を見ることができる「幾何学モデル」として知られる隠喩《メタファー》、あるいは〔その他の〕あまたの隠喩《メタファー》について考察してみよう。幾何学モデルは科学においては神聖なものとしてあがめられ、さまざまな分野において何度も繰り返し使われてきたため、それは今や自然の表面に被せられた仮面、完璧で、またピュタゴラスからユークリッドを経てデカルト、ニュートン、そしてそれ以降の変装仕立ての名人《メイキャップ・アーティスト》たちの絶えることのない継承によって巧妙に考案されてきた仮面にほかならず、われわれのほとんどはそれに騙されている。ニュートンはそれを「数学的方法」と呼び、デカルトはそれを「幾何学的方法」あ

るいは「普遍数学」と呼んだ。しかしデカルトのそれが最高のモデルである。なぜならそれらの変装仕立ての名人たちのなかで、デカルトが最も自分のしていることの意味に気づいていたからである。一六一九年一一月一〇日の夜、思考における課題解決の曙光である開明《イルミネーション》の瞬間を経験した後にデカルトはある夢を見た。その夢の意味を解くと、デカルトはあらゆる問題に適用可能な幾何学モデルの拡張を頭のなかに描くことができたのである。デカルトのその後の業績のすべては、このモデルの概略を提供することおよびこのモデルを使用しての演習と言ってよかった。（ターベイン『隠喩の神話』［Turbayne 1962/71, p.66］）（Ｍ３／40）

はじめに言葉（ロゴス）ありき。キリスト教は言葉の宗教である。自然は神の言葉が創造した。神の言葉は隠喩で語られている。言葉（隠喩）が引き起こす「奇跡」がキリスト教信仰の本質である。「奇跡」がなければキリスト教は存在しなかった。キリスト教の「奇跡」は、超越的な第一原因たる神が人間の経験的世界へ直接介入することの肯定であり、神の存在証明である。それは自然科学とは何の関係もない。奇跡は科学の「外」にある。吉本隆明は、「奇跡」は神の語る隠喩（メタファー）がそれを説明しているとして、次のように述べている。

〈言葉〉という問題は、新約書がいちばんひっかかってくるところです。それは喩（喩というのは比喩とか、たとえとかいうことですが）として新約書にしきりにあらわれるものです。……波が荒れ狂うので、不安になって慌てて、いま、われわれは死にそうになっているのに、あなたはどうして平気でいるんだとイエスに云います。そうすると、イエスが海に向って「黙《もだ》せ、鎮《しづま》れ」、つまり〈黙りなさい、静まりなさい〉というのです。そうすると海が静まったと書かれています。……新約書の主人公が聖書の中で演ずるさまざまな奇蹟は何かといえば、それは暗喩（メタファー）なんです。ところで、一般的な暗喩（メタファー）ならば、たとえば「あの人の眼は象だ」とかいえば、いちおうは、ああ、それは細くて柔和な眼だといおうとしてると、たれにもわかるでしょう。しかし、奇蹟はそのようには、わからないのです。わたしたちは聖書の中の奇蹟を読んで、合理的に理解しようとして、海が荒れてるのに、静かになれっていっても、静まるわけがないではないかとたれでもおもうのです。……本来ならあまりに意味やイメージが隔っていて、あるいはあまりに相反していて、どんな結びつけ方をしても「言葉」として結びつかない〈言葉〉を、強引に結びつけているのが奇蹟です。つまり「言葉」からみた奇蹟とは何かといえば、本来なら結びつくはずがないふたつの対象を、結びつけているのが奇蹟です。それが言葉としてみた奇蹟ということです。この意味がとどくでしょうか。これは重要なことを云っているつもりです。……〈言葉〉にたいするまったき信仰があるとすれば、聖書はそれを、神にたいするまったき信仰と同義のようにみなしています。それが奇蹟譚の意味です。まったくつながりそうもないふたつの対象を、「黙せ、鎮れ」とイエスがいった〈言葉〉を媒介するならば、暗喩（メタファー）になりうるわけです。これは「あなたの眼は象だ」という〈言葉〉がたれにでもわかるように、「黙せ、鎮れ」といったら、海が静まったということが、暗喩（メタファー）としてわかるということだとおもいます。……アジアやオリエントの古代においては、古代における共同体で、信仰を司《つかさど》る者と共同体を政治的にあるいは行政的に司る者とはしばしばおなじであるということがあります。……両者が別々であっても同一人物であっても、強力にそういう形態があったとかんがえられます。そういうばあいに、そういう場所、そういう時代には、ある諺、ある比喩、つまり謎謎、喩を解くということ、あるいは、それがわかるということは、信仰が強固だということを意味したのです。同時に、その共同体を治める能力があり、適格だという人だけが謎や諺、喩といったものを解けたということです。諺や謎謎や喩がすぐにわかることは、信仰が篤《あつ》いこと、つまり、神のご託宣や神の心がよくわかることを意味しました。そのことは同時に、ある共同体を実際に政治的に治める能力があることを意味していたのです。(『言葉という思想』55―62)

この吉本の「〈言葉〉にたいするまったき信仰」とは、「隠喩が語り得ぬものを語っているという直感」であろう。宗教も科学も他の方法では語り得ないものを言い表す役割を隠喩が負っているのである。「メディアはメッセージ」も「グローバル・ヴィレッジ」も、不連続で矛盾に満ちた言葉の並置であったが、それによって技術がもたらす隠れた影響が隠喩的に浮かび上がり、新しい「見方」が生まれた。言葉の意味を完成させるのは受け手であり、発した側が思いもよらない意味を受け手が発見することがある。「戦争は平和である」とのフレーズですら、隠喩的に意味が生ずる文脈、地平がないとは言えないのである。

これを進めていけばオカルティズムに陥りそうだが、隠喩がもたらす信仰が近代科学や思想と無縁でないことは、中世哲学研究者の稲垣良典《りょうすけ》が語っている。

テイヤール・ド・シャルダンは、われわれの科学的研究は、科学によっては厳密に証明できない信仰、たとえば宇宙は或る意味をもっているという信仰に依存する、とのべている。こうした信仰がなければ科学的研究への情熱がかきたてられることもなければ、興味が保たれることもありえないからである。アウグスチヌスが「なんじらが信じなければ、悟ることもないであろう」といったのも、まず根源的な信仰という態度がなければ、探求なるものがそもそも成立しない、という意味であったと思われる。……信仰とはわれわれの通常の経験や反省的意識の次元で行なわれる選択にくらべて、もっと深い、われわれの存在の中核ともいうべきところで、根元的な自由をもって行なわれる選択である。したがって、信仰はほとんどの場合イムプリシットなままにとどまっているのであるが、思想家としては自己へのたち帰りを徹底させることによって、それをイクスプリシットなものにすることが、思想の成熟という面からも、また思想的誠実という意味でも要求されるのではないだろうか。自らを知ることがつねに思想的成熟の徴しであってみれば、自己の知的探求の究極的基盤としての啓示信仰を自覚するキリスト教哲学者は、かえって高度の思想的成熟に達する者というべきではなかろうか。（『現代カトリシズムの思想』29―32）

マクルーハンの思考の創造性、卓越性の源泉がカトリック信仰を支えるこうした心的態度にあったことは間違いないが、当時の北米において、マクルーハンのカトリック的「現代思想」がアカデミーの人々に素直に受容される状況にはなかった。マクルーハン批判の書『マクルーハン』（一九七一年）で、ジョナサン・ミラーはこう書いている。

マクルーハンをティヤールと一緒にするのは、もう一つの理由で便利なのである。それはマクルーハン思想の中にある隠れた興味を暴露するのに役立つ。シャルダンと同じに、マクルーハンはカトリックなのである。彼はこの事実に特に触れてはいないが、彼の有名な意見全てはその事実のために隠れた歪みを生じ、こうして〈価値〉の束縛から解放されているという彼の主張はナンセンスになるのだ。後に明らかにするつもりだが、マクルーハンの大量な著作はカトリックの敬虔に裏打ちされていて、対象から身を離すよう努めるのは、一部は「敵」をあざむく策略上の態度である。（『マクルーハン』21—22）

ミラーは、本の中で「議論のために、私は意識的に敵意ある口調で述べてきた」と書いているとおり、マクルーハンの著作を意図的に誤読して批判のための批判をしているのでは、と思われる箇所も少なくない。だが、この辛辣なマクルーハン批判の中にマクルーハン理解の鍵を見出すことができる。ミラーの言うとおり、マクルーハンは、カトリック教徒でありながら進化論を認め、ローマ教皇庁から異端とされて生前著書が禁書となっていたテイヤール・ド・シャルダン（一八八一〜一九五五）の影響を強く受けていた。

フランス人カトリック司祭（イエズス会）であり、古生物学者・地質学者であったシャルダンは、著書『現象としての人間』（一九五五年）で、人間は「生物圏（バイオスフェア）」を超えて進化し、「精神圏（ヌースフェア）」の初期段階のステージにあり、やがて叡智の究極点である「オメガ点」へと進化の道を歩むと主張した。当時、進化論を認めていなかったローマ教皇庁は、シャルダンの思想を危険思想・異端として、その著作は禁書とされた。シャルダンのこの生物圏《バイオスフエア》を超えた人間進化の新しいステージとしての「精神圏《ヌースフエア》のステージ」は、マクルーハンのメディア論の核心である人間拡張の原理、即ち「中枢神経の拡張としての電子ネットワークの被膜で覆われた地球村（グローバル・ヴィレッジ）」概念の原型になったと言われる。『グーテンベルクの銀河系』にはシャルダンの『現象としての人間』から引用した次のような記述がある。

> あたかも自己拡張を行うかのように人間はおのがじし少しずつ地球上に自分の影響力の半径を拡げていき、その反面、地球は着実に収縮していった。……電磁波の発見によって代表される途方もない生物学上の事件《バイオロジカル・イヴエント》のおかげで、各個人は海陸をとわず、地球のいかなる地点にも（能動的に、そして受動的に）みずからを同時存在させることができるようになった。（M１／53）

マクルーハンはこの引用に続いて、「地球村」をこう説明している。

> われわれの五感のこの外化こそ、ド・シャルダンが「精神圏《ヌースフエア》」と呼ぶもの、もしくは世界全体のために機能する、いわば技術的頭脳《テクノロジカル・ブレイン》を創造するものなのだ。巨大なアレクサンドリア図書館の

建設にむかうかわりに、世界それ自体が、まさに初期の頃のSF本に描かれていたのとそっくりに、コンピューター、電子頭脳となったのである。（M1／53）

半世紀以上前に、今日のインターネットに繋がれた地球規模の集合知、結合知を正確に言い当てていることに畏怖すら覚える。「地球村《グローバル・ヴィレッジ》」とシャルダンの「精神圏《ヌースフェア》」の密接な関係は上記からも明らかだが、マクルーハンがシャルダンの影響について公に語ることは意外なほどに少なかった。マクルーハンの教室ではシャルダンの原稿が出回っていたらしいが、ほぼ同時代の「思想家」であるシャルダンを語ることはカトリック内の論争に巻き込まれる可能性があり、そのうえ、北米のアカデミーにおいてカトリック的であるということは、思想界では長い間、知的自殺と同じと見做されてきたのである。

ミラーが特別悪意があったというよりも、自由思想のプロテスタントからのカトリック教理と権威への反感は根強いものがあった。メディア論を「現代思想」として語るとき、ミラーのように批判の材料にするのでなければ、マクルーハンのカトリシズムについて言及することは慎重に避けられてきた。思想とは人間の思想であるべきものだが、カトリシズムは神の思想（神学）であって人間の思想ではないからだ。だが、現代社会が世俗と宗教に完全に分離され、こちらからでは向こう側は全く見えない中で、マクルーハンの全仕事は、世俗思想と宗教「思想」の架橋であった。客観主義者から「科学的でない」と批判されたが、マクルーハンにとっては彼の文法学的アプローチは科学そのものであった。

第6章 知の抗争史としてのメディア論

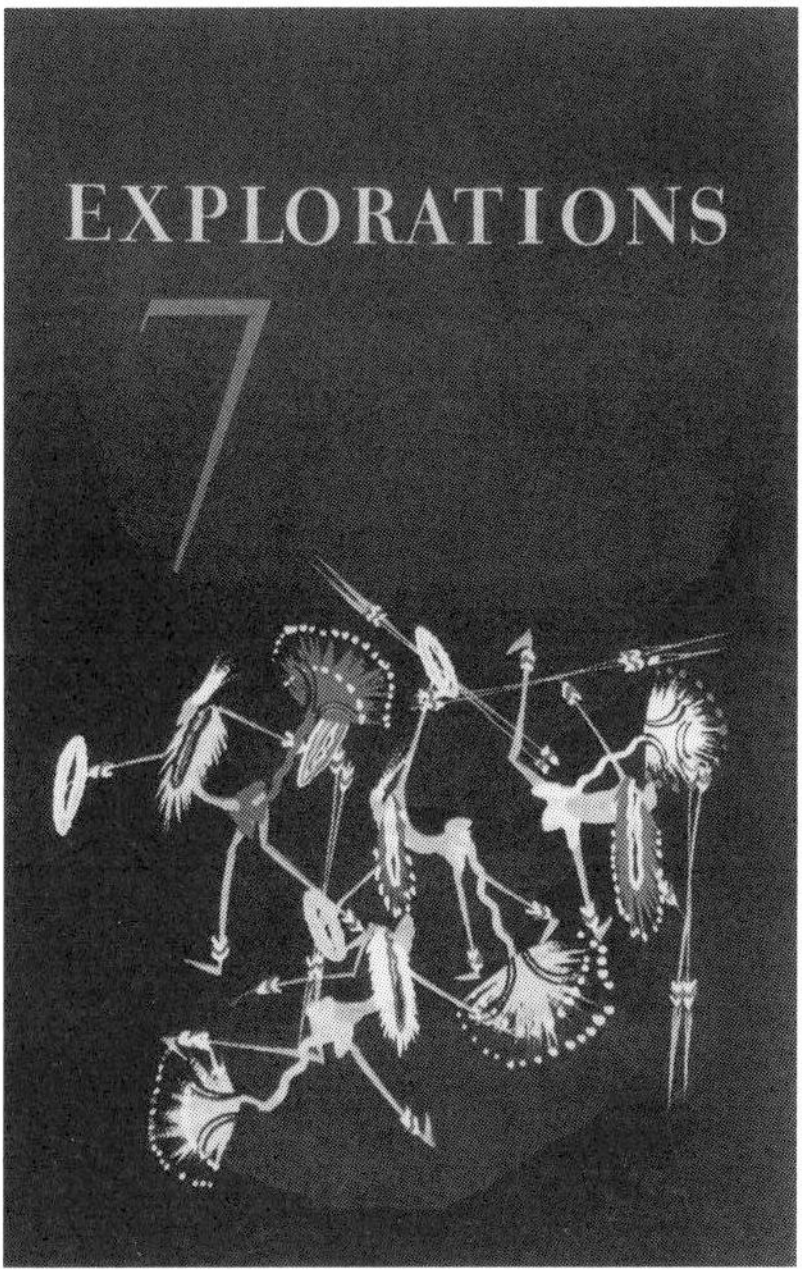

雑誌『探求』7号表紙

口誦文化から識字文化への変容

第1章の冒頭で述べたとおり本書の目的は、古代ギリシャのソフィストとマクルーハンと竹村健一が比例関係にあり、また、我々の周りでもその比例関係を見ることができることを言いたい、ということである。それによって我々の日常の輪郭がもう少しクリアになるのではと思ったのである。

この比例関係に気づかされたのは一冊の本だった。『メディアの法則』の読解に苦しんでいたとき、エリックが『メディアの法則』の理解に欠かせないから『*Preface to Plato*』(エリック・ハヴロック、一九六三年、邦訳『プラトン序説』一九九七年)を読めと言う。エリックの言うとおり、その本には『メディアの法則』を理解する重要なヒントがあった。

エリック・ハヴロックはマクルーハンよりも少し早くケンブリッジ大学に学び、その後カナダに渡ってトロント大学ヴィクトリア・カレッジの古典学の教授となった。一九四六年にセント・マイケル・カレッジに着任したマクルーハンと入れ替わるように一九四七年米国ハーバード大学に移った。本が書かれた一九六〇年前後というのは、北米において西欧近代合理主義の「反環境」としてのテレビ文化が浸透し始め、それまで目に見えていなかった「かつての環境としてのアルファベット・リテラシー」が浮かび上がってきた時期であった。

マクルーハンとハヴロックは直接の交流はなかったが、ともに口誦の文化と識字の文化の対立に目を向けていた。ハヴロックは、古代ギリシャの口誦から識字への移行期において両者の対立を見出し、マクルーハンは、グーテンベルクの印刷技術によって視覚が強化されたエリザベス朝期の文学と宗教における両者の対立に着目した。

二人の口誦文化へのアプローチが類似しているのは偶然ではない。二人の間には、ハロルド・A・イニスがいた。経済史家のイニスは晩年、コミュニケーションと文明の歴史に関心をもち、著名な二冊の著作『帝国とコミュニケーション』（一九五〇年）、『コミュニケーションのバイアス』（一九五一年、邦訳『メディアの文明史』）と『時間概念の変遷』（一九五二年）を著した。このイニスの研究成果がマクルーハンのメディア研究が進む方向を決定づけた。

イニスは著作の中で、文明はその支配的なコミュニケーション手段が「時間バイアス」をもつか「空間バイアス」をもつかによって形が定められ、歴史はこの二つのバイアスの攻防によって展開されてきた、と論じた。

石や粘土板は、時間的な保存性は高いが広い範囲に配布するには向かない（時間バイアス）。パピルスや紙は時間的な保存性は低いが広範囲に配布することは容易である（空間バイアス）。時間的バイアスをもつ石や粘土板に書かれた文字は時間を支配することで宗教国家を形成する。エジプト文明は石碑に刻まれた神聖文字によって時間を支配し、不死の観念が強力な王権を維持した。軽量で広範囲な配布が可能なメディアであるパピルスが普及すると時間を支配する王の権威は相殺され、衰え始めた。

空間バイアスをもつパピルスや紙は広い領土を支配する帝国を形成する。ローマ帝国はパピルス生産地であるエジプトを支配したことで、官僚機構の発展による広大な領土の管理に成功した。腐敗しやすく耐久性がないパピルスの欠点を補う耐久性のあるパーチメント（羊皮紙）が普及すると、パーチメントに書かれた知識を独占する教会の時間支配の力が強まり、帝国の力を相殺した。早くから紙が普及した東洋では、時間を支配する強力な宗教国家は生まれず、世俗権力の攻防が展開された。広大な領土を支配する中国の歴代王朝は紙と複雑な文字（漢字）を取り扱う官僚機構がつくった。

イニスのこうした大胆な仮説は、歴史理解のためのまったく新しい視点を提供することになった。これにより、それまで歴史の片隅に隠れていたコミュニケーション技術が表舞台に登場することになった。「メディア論」の創始者はマクルーハンではなくてイニスであるという主張にも十分な理由があると言えよう。マクルーハン自身、『グーテンベルクの銀河系』はイニスの仕事の脚注に過ぎない、と最大の賛辞を贈っている。

マクルーハンは、自分同様ハヴロックも、イニスの著作から古代ギリシャにおけるアルファベット技術による口誦から識字への文化変容のヒントを得たと考え、こう書いている。「エリック・ヘイブロックは『プラトンへの序』の中に、耳の世界から目の世界へのこの転移を描いている。彼はトロントのビクトリア・カレッジで教えていたとき、ハロルド・イニスを知り、口頭の文化と書かれた文化というこのアイディアを得たのである」（『マクルーハン理論』80）。

イニスの文明史に関わる著作は晩年の五〇年代初頭に書かれたものであり、ハヴロックの問題作『プラトン序説』が出版されたのは一九六三年であったから、マクルーハンがそう考えたのも無理もないが、事実はその逆で、実はハヴロックが最初にイニスに影響を与えていた。

ハヴロックとイニスは、一九三〇年代からトロント大学の同僚であった。専門分野は違ったが、経済史家であるイニスは古典学に関心を抱き、「空間の発明」という独創的な小論を書いたF・M・コーンフォード（ケンブリッジ時代のハヴロックの師）やハヴロックの著作を読んでいた。このことは、イニスが知人に宛てた私信から明らかになっている。イニスが特に注目したのは、ハヴロックがハーバードに移ってからの著作『*The Crucifixion of Intellectual Man*（理知的人間の受難）』（一九五一年）の中で概説したアイスキュロスのギリシャ悲劇『縛られたプロメテウス』の解釈方法であった。

ハヴロックによれば、反逆の神プロメテウスが天界から盗んで人間に与えた火の技術はエネルギーの象徴であり、アイスキュロスは、〝技術革新〟によって生じた人間の内面の大変革の問題を扱っていた。プロメテウスは文字を発明し、人間に与えた神ともされる。口誦から筆記への移行によって支配的となった技術世界について論じたハヴロックは、著書の序論で「歴史における革命的な変化は、技術革新による人間の空間と時間の概念の変化の中で起きている」と述べている。イニスはそこからコミュニケーション技術の革新が及ぼす空間と時間の偏向《バイアス》を軸にした歴史展開の着想を得て、『コミュニケーションのバイアス』（一九五一年）を書いたのである。

この二人が先駆者となった「文化とコミュニケーション技術」に関わる研究の種は、雑誌『探求 *Explorations*』（一九五三～一九五九年）を中心にジャンルを超えた研究者が参加・交流することで一気に成長・開花することになった。イニスが、「私の傾向は、口誦、とりわけギリシア文明のなかに反映されたような口誦の側に傾いており、また口誦の精神のいくばくかを取り戻すことを必要と考える側に傾いている」（『メディアの文明史』２９５）と書いたように、トロント発の「メディア論」が他のコミュニケーション研究と区別されるのは、この「口誦の伝統への憧憬」であるといえよう。

なお、トロント発の「メディア論」は、後にドナルド・シールによって「トロント学派」と命名されたが、エリック・マクルーハンは、起原となった初期の数人は刺激し合いながらもそれぞれが勝手に仕事をしていたので「学派」という名称は適切ではない、と言っていることは付言しておこう。

プラトンが攻撃する口誦の伝統

さて、エリックから読むように勧められた『プラトン序説』だが、プラトンが『国家』の第一〇巻で、詩人（プラトンの時代は朗唱詩人）たちを激しく排していることは、長らく古典学者たちを悩ませてきた。詩人は今日的な見方では、言葉による美的経験をもたらす芸術家である。ハヴロックは、『国家』におけるプラトンの詩人への攻撃についてこう述べている。

『国家』のこの最終巻は、政治の本性の考察ではなく、詩の本性の考察で始まっている。そこでは、詩人は画家と同類とみなされ、芸術家は現実から二重に隔たった経験の一変種を生みだすとされる。芸術家の作品は学問にとっても道徳にとっても、よくて軽薄、最悪のばあいには危険でさえあり、ホメロスからエウリピデスまでのギリシアの主要な詩人たちは、ギリシアの教育制度から追放されなければならない。そして、この異常な主張が情熱をこめて追究される。……「われわれはわれわれの魂という都市を詩から護らねばならないのである」(608b1)。この一節のかもし出す雰囲気が問題の核心を明らかにしている。プラトンの標的はまさしく詩的経験そのものにあるらしい。この経験は、われわれなら美的と呼ぶような経験である。だが、プラトンにとってこの経験は、心を冒す一種の毒物である。われわれはいつも解毒剤を準備しておかなければならない。プラトンは詩であるかぎりでの詩を破壊し、コミュニケーション手段としての詩を追放したがっているようである。……詩の追放はいまや論理的で避けられないものになっている。というのも、詩の才能は新たな教育構想の背後にある認識理論とはまったく相容れないからである。こうして、第五巻で暫定的に哲学者の敵として示された詩人たちは、いまや第十巻において完全にその正体を暴かれ、哲学的な教育段階に君臨せねばならない学科から追放されるのである。（『プラトン序説』18—33）

プラトン解釈者たちは、プラトンの詩人に対する主張を額面どおり受け取るのをためらい、プラトンが攻撃したのは本物の詩人ではなく二等、三等の詩人であるとか、批判は本気ではないなど、現代の好みに合わせていろいろと釈明せざるを得なかった。ハヴロックは、このプラトンの詩人への激しい攻撃についてまったく新しい解釈を提示した。すなわち、プラトンの詩人への攻撃は、古代ギリシャの口誦的な精神状態に対する新興のアルファベット・リテラシー教養人プラトンの攻撃であったというのである。

詩人は声にせよ所作にせよ、誰かに似せてせりふを語る。その時詩人はその人をミメーシス（模倣）し、その人になりきっている。その時、聴衆もまた詩人の朗誦の魔術のとりこになり、詩人と一体化（ミメーシス）する。プラトンが攻撃したのは、そうした理性を失わせるギリシャの口誦の伝統（教育制度）であった。

プラトンが『国家』で詩人を攻撃するときに使う「ミメーシス」という語は、通常「模倣」と訳される。詩人は詩の情景や登場人物をあたかもそこにあるかのように朗唱する。それは理性的で写実的な「描写」「複写《コピー》」ではなく、対象を表徴することによって聴衆の感情を巻き込み、歌われた対象との距離を失わせるものである。ハヴロックは、ギリシャ人の「詩を記憶する並外れた能力は、客観性の完全な喪失を犠牲にしてしか得られなかった」(『プラトン序説』63)と述べている。
プラトンはそうしたミメーシスがもたらす心理状態を「劣ったもの」、「イデアを遠ざけるもの」として攻撃しているのである。詩人に限らず、今日われわれが本物の芸術家と呼ぶ画家や役者はみなミメーシスの名手であるが、アルファベットの心性が身についたプラトンには、それらはまったく古くさい時代遅れのコミュニケーションどころか解毒剤が必要な病気にさえ見えていたのである。

文化史家のワイリー・サイファー(一九〇五〜一九八七)は、産業社会に反逆した芸術家たちもまたテクノロジー思考に搦め取られていたことを描いた『文学とテクノロジー』で、プラトンらアルファベット識字人間がミメーシスの心性を失っていく様を次のように説明している。

ホメーロス風の詩は元来、聞き手が一個人としての自意識などほとんどもたず、物語られる事件と自分を全く同一化するような儀式的場において語られ、歌われたものであることに疑問の余地はないように思われる。この種のミメシスは舞踏への参加にも似た協同体的経験、「流行病」性のメセクシスであった。しかし、アルファベットを用いたテクストの出現によって、この感情移入的状態は禁じられ、読者はそこから自らを孤立させ、それを距離をおいて見つめるといった文学を与えられることになる。彼は読みながら考える。そこで批評能力が活動しはじめる。読者自身の自我意識が介入してくれれば、本来の聴覚的=運動神経的反応は美的判断によって、ある程度封じられる。たとえば読者はこう自問する。この人物の行ないは筋が通っているだろうか、このエピソードはありうべきことであろうかと。こうなれば、読者はもはや自分が読んでいるものと合体することはない。(『文学とテクノロジー』135)

『国家』が書かれた目的は、ギリシャの教育制度を独占してきた詩人たちから、その支配権をプラトンら「哲学者」が奪いとることにあった。ハヴロックはこう主張して古典学の世界に大きな論争を呼んだのである。ギリシャの口誦の伝統がアルファベット識字の浸透によって転換期に立っていたその時期に、プラトン自らは意識していなかったであろう識字によって培われた線的で合理的な思考形式が、詩人たちをあれほどに毛嫌いさせたのである。

プラトンが攻撃のターゲットにしているのは、詩人が語っている内容《コンテンツ》ではない。詩人のコミュニケーション様式そのものである。彼が批判しているのは詩人という「メディア形式」による効果(メッセージ)なのである。プラトンのイデアとは、ギリシャ社会を脱部族化するために、口誦の伝統のなかに記憶された知恵のエンサイクロペディアを、書かれた言葉によって視覚的に組織化し、カテゴリー分けした知識に配列し直すことであった。

ソフィストとは誰か――もう一つの哲学の可能性

プラトンは、『国家』においては詩人を激しく排撃する一方、一連の対話篇の論敵はソフィストである。プラトンは対話篇に多くのソフィストたちを登場させたが、それらはあくまで敵対者プラトンの目をとおした「ソフィスト像」である。真のソフィストに迫った研究は、日本では誠に少なく、単行本としては一九四一年に刊行された田中美知太郎著『ソフィスト』と最近になって刊行された納富信留《のぶる》による二冊、『ソフィストと哲学者の間』（二〇〇二年）と『ソフィストとは誰か？』（二〇〇六年）のわずか三冊だけである。

納富は「明治以降、本格的なギリシア哲学研究に着手し、それを発展させてきた日本の哲学界において、二十世紀に「ソフィスト」について書かれた単行本は、驚くべきことに、一九四一年二月に刊行された田中美知太郎著『ソフィスト』一冊に留まった」と書いている。それだけプラトンの権威は日本の哲学教育にも大きな影響を持っていたということだろう。私が竹村健一の本を遠ざけていたというような個人的な些細な話よりはるかに大きな問題が学問の世界で起きているのである。後述するが、フランシス・ベーコンはそうした過去の思想的権威による知覚の偏向を「劇場のイドラ」と呼び、ジャンバティスタ・ヴィーコは「学者の自惚れ」と呼んだ。

以下は、私なりに整理したソフィスト像である。いわれなき誹謗のまま歴史の中に消えたソフィストを救済するための整理なのでそのつもりで読んでもらいたいが、「劇場のイドラ」にも「学者の自惚れ」にも縁のない門外漢からはありそうに思える話である。

ソフィストは、ギリシャ語の原語「ソピステース」（sophistes）で「知恵のある者」を意味した。sophisticated（洗練された、上品な）という言葉があるように、もともとソフィストという呼称に嫌悪的な意味はない。古代ギリシャでは、ソフィストは知者として尊敬され、社会的にも影響力をもった弁論家集団であった。では、なぜ「詭弁家《きべんか》」の悪名で呼ばれることになったのか。その理由ははっきりしている。ソクラテスの死後、プラトンがソフィストに浴びせた激しい批判である。

プラトンは一連の対話篇で、ソフィストとソクラテスを明確に対比させることで哲学者ソクラテスを鮮やかに描き出した。その目的はソフィストとして毒杯を仰いだ師ソクラテスがソフィストで「ない」と弁明することである。ソフィストではなく、フィロソフォス（哲学者）であるとして名誉回復を図ることだった。だが、ソクラテスの他の弟子たちの著作ではソクラテスとソフィストは明確に区別されていない。ソクラテスの時代、ソフィストと哲学者に区別はなかった。ソクラテスの死後書かれたプラトンの中期対話篇『国家』の頃になって「フィロソフォス（哲学者）」という名詞がようやく出てくる。ソクラテスの頃、哲学者などいなかったのである。

哲学者ソクラテスとソフィストの対立は、実際は、異なるタイプの言論技術を教える二派の弁論教師（ソフィスト）間の抗争であった。一つは、集会や法廷などで、長広舌でレトリックを駆使して聴衆を説得する技術を売り物にする雄弁家グループ（長広舌派）であり、もう一つは、一問一答形式で相手を矛盾に追い込んで討論に勝つ技術を教える問答家グループ（一問一答派）である。前者は、聴衆の説得が目的であるから様々なレトリックや古の英雄の言葉などを引用して「なるほどそうか」と思ってもらわなければならない。説得というより納得である。一方、後者は目の前にいる一人の相手を討論によって言い負かすわけだから論理的思考が必要である。詰将棋のように先々まで予想して発言していかないといつか矛盾を指摘されることになる。

長広舌派の起原は古く、ホメロスやヘシオドスなどギリシャの吟遊詩人に遡る。彼らはギリシャの口誦の伝統を受け継ぐ正統の知性集団である。一方、一問一答派の起原は、紀元前八世紀頃にギリシャ社会に導入されたアルファベットである。新しいコミュニケーション手段がギリシャ社会に導入され、伝統を保存する第二のまったく新しい手段を手にしたことで、ゆっくりではあるが着実にギリシャ人の心性を変えていった。この新しく出現した線的・ユークリッド的世界観の心性に合致した新しい言論方式を教えるのがソクラテス率いる一問一答派だった。両派はそれぞれ一つの論法しか使わないということではなく、どちらを得意としているかという違いだったので、世人には両派の違いは分からなかったかも知れない。ソクラテスの相手ゴルギアスも対話の冒頭で「一問一答でも構わない」と言っているし、ソクラテスも長広舌は苦手と言いながら見事な弁論を披露している場面もある。

両者はともに言論教師「ソフィスト」と呼ばれ、アテナイ社会で尊敬されていたが、書くことが浸透して線的な思考に慣れ親しんだ若者たちにとっては、昔の英雄伝や神話を長々と聞かされる時代遅れの長広舌派よりも、切れ味するどく結論に向かうモダンな一問一答派の方が圧倒的に人気があった。一問一答派に影響を受けて、真理の探究のために問答法を使うのではなく、相手をただ言い負かすことだけを目的とした言論の遊戯「エリスティケー（争論術）」が発達してきた。

（エウテュデモス）「ものを学ぶのは知者か無知者か」
（少年）「知者です」
（エウテュデモス）「しかし学ぶ時に、君は学ぶ事柄を知っていて学ぶのであろうか」
（少年）「知らないで学ぶのです」
（エウテュデモス）「そうであれば、君はそれを知っていなかった時、知者であったか」
（少年）「知者ではありません」

（エウテュデモス）「知者でなければ無知者ではないか」
（少年）「そうです」
（エウテュデモス）「しからば、ものを学ぶのは知者ではなくて、無知者でなければならぬ。君の最初の答えは間違っていたのだ」（「エウテュデモス」『プラトン全集8』14―16）

一問一答によって、論争の手段としてロジックが公式に持ち込まれた。この争論術《エリスティケー》は、勝つためには不正な論じ方も厭《いと》わなかったため、ここからソフィストに「詭弁家」としての側面が生じた。

プラトンが『ソピステース』（二六四D―二六八D）で与えている、最後の主要なソフィスト概念の規定においても、それは公けの集会で長広舌を振う大衆演説家から区別されて、私の会合において短い言論で対談者を自家撞着に陥れる者と規定されており、アリストテレス（*Rhetorica* A 1. 1335b 20）も、悪名としてのソフィストという言葉は、主として問答法の技能をもつ者にのみ用いられ、弁論家には用いられないという事実を注意しているので、われわれはエリスティケーを主とするソピステースというものを、ただ少数のきわめて特別な場合としてのみ考えることはできないのである。むしろエリスティケーはソフィスト概念の一般的な規定として用いられるものであることを知らなければならない。いわゆる詭弁家としてのソフィスト概念なるものも、おそらくはこの規定から生じたものであろうと考えられる。（田中美知太郎『ソフィスト』163―164）

ソクラテスこそ詭弁家《ソフィスト》か

ソクラテスの問答法も目的は違えど同じ形式である。『ゴルギアス』、『プロタゴラス』など初期対話篇には、ソクラテスが相手のソフィストを矛盾に追い込み論駁《ろんばく》する姿が描かれている。ソクラテスは、予め相手が得意とする長広舌を封じて自分の土俵である一問一答方式で対話することに同意させる。そして自分は無知を装って（ソクラテスの「空とぼけ〔エイローネイアー〕」）、誘導尋問のような質問を重ねながら、「善」「美」「正義」といった語のもつ多義性、あいまいさに乗じて自分が企図した前提に巧みに誘導すると、後は演繹的な論法で相手を矛盾に追い込んでいく。それも相手の知を否定するだけで自分の知は一切語らない。

真理を悟らせる「産婆術」と称して、狭いアテナイ市内で辺りかまわず識者をつかまえてこんなトリックまがいの問答を繰り返していたら、論駁された人の恨みを買うのは必然である。実際、ゴルギアスとの対話に同席したポロスには、「ゴルギアスさんの話が矛盾するように、自分で話の筋を運んでおきながら、してやったりと喜んでいるのはずいぶん失礼なやり方ですね」と呆れられている。他のソフィストとの対話篇も、論駁されたソフィストが自分の無知を悟り納得した状況とは程遠く、何れも気まずい終わり方をしている。問答法は、相手を屈服させることはできるにしても心服させることはできない、まさに論争のための技術である。

後期対話篇で、プラトンは同じ一問一答の争論術《エリスティケー》を問答法《ディアレクティケー》とは区別して批判したが、ソクラテスの時代、両者は同じに見えていたのだろう。ソクラテスがまだ壮年の頃の前四二三年、すでに喜劇作家のソフィスト、アリストパネスは『雲』という作品で、口先で人を騙し、弱論を強弁する術を教授する「ソフィスト・ソクラテス」の姿を面白おかしく描いている。『雲』は、借金の返済に困った男が「正邪にかかわらず議論に勝つ方法を教える」というソクラテスの学校のことを聞いて、「債権者を法廷で言い負かして借金を棒引きさせよう」と息子をその学校に入れるが、その技術を身に付けた息子が当の父親を殴っておきながら巧みな強弁で言い逃れすることになり、怒った父親はソクラテスの学校に火をつけるという喜劇である。ソフィスト仲間でもソクラテスの「詭弁度」は他を圧倒していたのである。ソクラテスの問答法をまねて争論術《エリスティケー》に走る者もいたというから、アテナイ支配層にとっては、若者に詭弁の言語遊戯を教えるソクラテスはギリシャの口誦の伝統を破壊する危険人物に映ったことだろう。

> 初期対話篇の皮相な読者は、往々にして、ソクラテスはかれの敵対者にわなを仕掛けて勝利を得ようとする、という印象を持ったままで終わる。……注意深い読者は、ソクラテスがこの種のわなを仕掛けるのは、職業的な弁論家や争論家、もしくは何かすぐれた知恵の所有を公言する他の者たちの、見せかけを暴露しようとするときに限られているのに、気がつくだろう。……若者たちと対話するときのかれの方法は、それとは異なっている。かれは、かれらが、自分たちの真に理解しているものがいかにわずかであるかを悟って、かれとともに真理の探求に乗り出す準備ができるように、かれらを当惑させることから始める。いったん、純粋な探求が始まるや、かれは、つねに、対話の相手方を、敵対者としてではなく仲間あるいは同盟者として扱っている。
> （F・M・コーンフォード『ソクラテス以前以後』61―62）

コーンフォードのこの記述は、真理を探究することに頑固なまでに一途なソクラテスを讃えるものでありながら、「いたずらに敵をつくり、若者を扇動するソクラテス」の姿をも同時に描きだしている。ソクラテスが告発された背景を想像させるに十分な説明である。

二つの思想潮流、抗争の始まり

ここまで、ソフィストを救済するためにソクラテスを悪役にしてしまったが、問答法《ディアレクティケー》あるいは争論術《エリスティケー》の西洋文明に与えた意義についても補足しておく必要があろう。田中はこうも書いている。

プラトンのごときは、時に（*Euthydemus 305D; Theaetetus 177B*）エリスティケー（問答競技）の弁論術に対する優越を認めているのである。問答競技は、パルメニデスに発した論理的思惟が、プラトンの問答法やアリストテレスの論理学に発展する重要な一段階をなすものであって、ギリシア思想が伝統的な治国斉家の教えや、狭い日常経験と世俗的人情のみに即するレトリックを越えて飛躍的な発展を遂げるためにも、これらの一切を無視するエリスティケー論理の破壊的な仕事が充分な意義をもつものであったことを認めなければならないであろう。（『ソフィスト』１６７）

いずれにしても、ソフィストの「詭弁家」の悪名は長広舌派ソフィストから生じたものではなく、もともとソクラテスの問答法（ディアレクティケー）から派生した言語遊戯にまつわる評判から生じたものである。しかし、ソクラテスの衣鉢を継いだプラトンは、「無知の知」と「知を愛する者（フィロソフォス）」という新しいコンセプトを掲げてソフィストから離れ、イメージの刷新を図った。「対話篇」に再登場したソクラテスはソフィストではなくフィロソフォス（哲学者）となって、ライバルの長広舌派ソフィストに対して「真実よりも真実らしいものを信じ込ませる似非《えせ》教師」との批判を開始した。さらに後期になると、「ソフィストにも長広舌を用いる者と短い議論で相手を矛盾に追い込む者の二通りの人間がいるが、どちらも人を説得するために真実よりも真実らしいもの、見かけだけのものに誘導する同じ系統に属する種族である」（『ソピステス』）と決めつけた。このレッテル貼りによって、長広舌派ソフィストと詭弁家の悪名がつきつつあった争論家ソフィストはいっしょくたにされ、「雄弁家であり詭弁家」とする混乱したイメージをソフィスト側にもたせることになった。

書くことと不可分なプラトンの思想

他派ソフィストを批判することで新しい存在として立ち現れてきたフィロソフォス（哲学者）は、アルファベット・リテラシーの心性が身についた文字教養人であり、書くことに長けていた。マクルーハンの「書かれたものは頑固で、嘘であってもいつまでも語り続ける」の言葉どおり、二四〇〇年経った今日でも「ソクラテス文学」の中で「偉大な哲学者ソクラテスと詭弁家ソフィスト」と語り続けている。

書いたものをほとんど残さずプラトンに反論できない口誦教養人のソフィストたちを弁護するならば、ソフィストにとって言葉は人間の本質に属することであり、雄弁の術と知恵は不可分であった。

それゆえソフィストにとって、教えるという知の相互作用は書くという手段では達成できないと考えていたはずだ。彼らが書いたものを残さなかったのはそういうことであろう。もっともプラトン自身、『パイドロス』で、エジプトの神々の王タモスが文字を発明して自慢げに披瀝《ひれき》する発明の神テウトに向かって言ったという「書いたもので学ぶ者は、多くの場合何も知らないでいながら、見かけだけはひじょうな博識家であると思われるようになり、知者となる代わりに知者であるといううぬぼれだけが発達するため、つき合いにくい人間となろう」という言葉をソクラテスに語らせている。にもかかわらずプラトンが膨大な著作を残したということは、プラトンの思想は「書くこと」と不可分な関係にあったことを示すものである。

ソクラテスは書いたものは何も残していない。ソクラテスは口誦文化と書字文化の狭間に生きた人間であった。ハヴロックはこう書いている。「ソクラテスも口承神話に堅く縛りつけられたままであり、われわれの知るかぎり一言も書かず、市場での意見の交換を活用したが、それにもかかわらず、ある技巧――つまり、彼が知らなかったにしても、書かれたことばにおいてのみ完全に達成可能となり、そして現に、書かれたことばが存在することによって可能となりはじめたような技巧――にかかわっていたのである」(『プラトン序説』363)。

長広舌と一問一答でソフィストを分類したが、この分類が単なる表現形式《スタイル》の問題ではなく、それ自体が「思想のあり方」であることを一番よく知っていたのはマクルーハンである。マクルーハンは『プレイボーイ』誌のインタヴューを受ける際、インタヴュー形式のコミュニケーションに懸念を示している。インタヴューはもちろん一問一答である。マクルーハンは一問一答が、彼の思考の流れを妨げるのではないか、さらに雑誌の誌面の都合で、自分の発言の長さに制限をかけられることを心配したのだ。マクルーハンは考えたことを口に出しているわけではない。話すことは思考の過程、プローブなのである。マクルーハンにとって雄弁と知恵は不可分であった。インタヴュアーは、彼の望む限りの時間をかけていいと請け合ってインタヴューは始まった。その結果、超ロングインタヴュー記事が『プレイボーイ』に掲載されることになった。

プラトンとソフィストの論争は、主張内容《コンテンツ》をめぐってのものではなく、「方法」をめぐってのものだった。プラトンは、ソフィストの方法（ソフィスト術）を侮ってはおらず、むしろその修辞の力、変容の力に「畏れ」を抱いていた。プラトンはソフィストのプロタゴラス自身に、次のように語らせている。

しかし、この私をして言わしめるならば、ソフィストの技術というものは、むかしからあったものなのであって、ただ古人でそれに従事していた人たちは、この技術がまねく憎悪をおそれて、仮面をもうけてその偽装のかげにかくれていたのである。ある人々は詩作をもってこの仮面とした――たとえば、ホメロスやヘシオドスやシモニデスのように。またある人々は、秘儀をさずけ神託を伝えることをもって偽装した――オルペウスとムゥサイオスおよびその徒がそれである。またときによると、体育術までもこの偽装に使う人々がしばしばあることに、私は気づいている。（『プロタゴラス』30―31）

教育《エデュケーション》と娯楽《エンターテイメント》を分けて考えようとする人は、どちらについても全く分かっていない

「ソフィストの技術がまねく憎悪」とは、プラトンらアルファベット識字人間が抱くソフィストへの憎悪に違いない。プラトンが初期対話篇で攻撃しているのは、言葉のトリックを使って弱論を強弁する詭弁家としてのソフィスト（争論家）ではなく、古の詩人にまで遡る長広舌派の「ソフィスト術」である。プラトンのいう「ソフィスト術」とは、暗示的な技法によって人々を感情的にインヴォルヴさせるコミュニケーション全体である。だから、詩人やソフィストは言うまでもなく、画家や体育教師までソフィストの仲間とされたのである。暗示的な日本文化など、プラトンにかかれば病気扱いされたことだろう。

　プラトンにとって、ソフィスト術（ソフィスティケー）と弁論術（レトリケー）は、ことばの運用方法に限って言えば同義である。対話篇『ゴルギアス』の中では、「詩から節《ふし》（メロス）とリズム（リュトモス）と韻律（メトロン）を取り除いてしまえば、詩は一種の大衆演説であり、詩人たちは劇場において弁論術の技巧を使って話しているのではないか。となれば、詩の中にある種の弁論術、群衆になされる弁論術が見出されたことになる。そしてその弁論術は迎合の術である」とソクラテスに言わせている。プラトンにとって真実とは「定義しうるもの」のことであり、ソフィストの弁論術がもたらす感覚的、情緒的な「真実らしいもの」はすべて偽なのである。感覚や感情は、肉体と結びついた低次の本性であり、「思惟する魂」とは区別されねばならなかった。

　とはいえ、実際には、聴衆を前に多くの真正の知をもっているはずの専門家がソフィストによって論駁され敗れることが多かった。専門家の知識は特定の領域に限定されるが、ソフィストは、領域を問わずすべての主題を扱うことができる博識の知者として知られていた。それは民族の伝統の中か

ら、議論になっている主題を連想させる物語を引っ張り出し、それを暗示的に語りながら聴衆自ら納得できる結論を導きだす言語技術であるが、こうした文化・文脈に依存する高コンテクストのコミュニケーションこそ、プラトンが排除したがっていたものであった。

哲学の起原としてのアルファベット

プラトンをしてこれほど弁論術を毛嫌いさせた心性とは何か。それは哲学者を哲学者たらしめている心性でもあるはずだ。ハヴロックは、対話篇のソフィストとの対決から浮かび上がる哲学者ソクラテス像にとどまらず、『国家』におけるプラトンの詩人への激しい攻撃、「詩は精神を不具にする」との異常な主張の出処を探る中から「哲学者」の姿を浮かび上がらせている。ハヴロックが注目するのは、プラトンの知識、それも抽象的な事柄についての徒《ただ》ならぬ態度である。

フィロソフォスのフィロとは、なんらかの心的衝動、意欲、渇き、すべてを焼き尽くす欲望といったものに貼られるレッテルである。そうだとすれば、「フィロソフォス」とは、特別の本能と精力をもった人間である。そうなると、われわれは、この本能や精力はなにに向けられているかと問い、そして、その対象はソフィア——つまり、フィロソフォスということばの残りの音節（ソフォス）の同義語——と答える（ソフィアを「知恵」と訳す現行の翻訳は、「哲学者」ということばと同様、不適当で誤解を招く多くの意味を帯びるはめになっている）。それでは、このソフィアとはなにか。それは詩的朗誦を通じて求められるような経験か。そうではない。ソフィアとは、

「真に存在する」実在、「永遠に存在する」実在、「眼には見えない」実在についての認識である。そして、こうした実在がイデアなのである……プラトンの術語としての「哲学者」とは基本的に、抽象的なものへの能力をそなえた人間のことであり、この人間類型は、ギリシアの教育の当時の環境下においては稀なものであらざるをえなかった。(『プラトン序説』332―333)

マクルーハンは、プラトンをしてこの抽象の世界へ熱烈に向かわせたものこそ、意味と無関係な表記体系である表音アルファベットであるとしている。とりわけ、意味をもたない、音ももたない抽象概念として子音が発明されたとき、視覚は他の感覚からそれ自身を切り離し、やがて視覚空間を形成し始めた。ハヴロックは「ギリシア人の成し遂げたことは、……自然には存在せず、「思考」のなかにしか存在しない音を表示できるという考えを発明したことである」(M3/24)と述べている。

表音アルファベットによって、音節の単位はその「構成要素」、つまり母音と子音まで分析できるようになったことは、音節文字、表意文字との大きな違いである。音節文字、表意文字は、肉体的、歴史的、文化的な何かと結びついているため「抽象概念」が生じにくい。表音アルファベットの音と記号は、互いに動的な関係にあるわけでも相互作用の関係にあるわけでもない。単に一方が他方を表しているにすぎない。両者ともあらゆる意味、あらゆる関係から抽象されている。表音アルファベット環境の浸透によって、記憶することの負担から解放された人間精神は、自由に抽象の世界に遊ぶことができるようになった。

アルファベットが地になって生じたこの抽象的なものへの希求が、英雄物語や劇に情熱的一体化するという詩的伝統が及ぼす圧力を阻み、隔離された抽象物からなる別な概念的で形式的な言語で言い換えさせる心的衝動を生み出した。伝統にも現実社会にも足場をもたず頭の中だけで思考をめぐらす哲学者プラトンにとって、抽象の力の完成にはギリシャ語の新しい用法を必要としていた。後の弁証学、論理学の起原となったソクラテスの問答法がそれである。

一方、ソフィストの弁論術は、依然として詩から節（メロス）とリズム（リュトモス）と韻律（メトロン）を取り除いただけの詩的文体であり、それは、記憶の保存を助けるための英雄物語、類型的登場人物、アフォリズム、常套句、印象に残る比喩を多用する古い言説スタイルである。それは、もはや記憶の保存のために詩的文体を必要としない散文著述家プラトンの言説スタイルとは相容れないものとなっている。

聴覚的伝統を残す詩的文体とアルファベットによって強化された視覚的散文は、同じ経験を異なる文体で配列しなおすうちに、経験そのものをも変化させてしまう。それは、ことばの運用方法をめぐる二つの思想潮流の抗争の始まりでもあった。ソクラテス以前、弁論術と哲学は国家社会にかかわる学知として一体となっているべきものであったが、ソクラテスとプラトンによって両者は分断されてしまった。この分断の歴史を嘆いたのは、ギリシャ哲学の西洋世界への案内人ローマの哲人キケロである。

キケロが嘆く「舌と心の乖離」

キケロ（前一〇六～前四三）は、共和政ローマ末期の政治家にして哲学者であり、レトリックを評佃して多くの著作、名言を残した雄弁家であった。キケロにとって、レトリックは聴衆を説得する手段というだけでなく、人の倫理的、知的生活にかかわるもので歴史、哲学、詩など多面的教養が必要であると説いた。ルネサンス期の人文主義者（ユマニスト）たちの模範であった。そのキケロはクラッススの口を借りて次のように嘆いたのである。

ソークラテースは、最も優れた事柄の認識とそうした事柄における実践はすべて「ピロソピアー（愛知の営み）」と呼ばれるために、その営みに従事する人はみな（「ピロソポス（愛知者）」という）一つの名称で呼ばれていたにもかかわらず、われわれが今こうして探求しているこの弁論というものを論じ、実践し、教えている人々からその名称を取り上げ、本質上一体のものであるはずの二つの知識、すなわち、英知をもって思考する知識と詞藻を凝らして語る知識とを、その議論によって分離してしまったのである。そのソークラテースの才知と、彼の交わしたさまざまな対話とを書に記し、永遠不滅性を与えたのがプラトーンであった。ソークラテース自身は書き物は一片たりとも残さなかったからである。このときから、言わば舌と心の乖離《かいり》が始まった。われわれに賢明さの知恵を教える者と、言論の知恵を教える者が別々であるなどという、いかにも理不尽な、無益な、批判されるべき乖離がね。（『弁論家について（下）』145―146）

マクルーハンが一貫して問題にしていたのも、この「言葉と知性」の分断であった。マクルーハンは現代の雄弁術の見本市である企業の広告を批判してこう言っている。

キケロ以前にも、古代ギリシアのソフィストたちが、雄弁術を通じて人間の知と力を育てる方法を講じていた。しかしソフィストの場合は言葉と知性を分裂させるようなことはしておらず、そこがこの広告と違う点である。人間はその言語能力によって獣と区別されると考え、言語と理性は一体であり、いずれか一方の発展は他方の発展を伴うものであるとされていた。雄弁を身につけるために百科事典的学習教程が必要とされたのもこのためであった。かくして雄弁は知であり力であると同時に、政治における思慮分別ともなったのである。……古来考えられてきた雄弁が、公共の責任と格別に結びつき、さらに一貫した方針のもとに、感情をも理性と美徳の高揚に参画せしめていたのに対して、現代版の雄弁は無闇矢鱈に言葉と感情を濫用して消費者に媚を売り、まさに扇動《デマ》に終始している。（Ｍ４／１０３―１０４）

従来、古代ギリシャ哲学史は、それぞれの哲学者の思潮に焦点をあてて論じられてきた。だがハヴロックは、哲学者の思潮ではなく初めて言論形式に注目した。ソフィストと哲学者の知的抗争を「声の文化の心性の思想」とアルファベットによって強化された「視覚文化の心性の思想」の対立として見ることで新しい哲学史が書ける。ハヴロックの『プラトン序説』はまさにそれだった。

私はこのハヴロックの見方を知ったとき、一瞬、マクルーハン理解の道筋が見えた気がした。それが本書の「まえがき」で書いた、ずっと気になっていたことである。私には、プラトンによって批判されるソフィストたちが、アカデミーの学識者たちから批判を受けたマクルーハンに二重写しに見えたのである。マクルーハンは、ソフィストとプラトンの抗争以来の知的抗争を引き継いでメディア論を論じているのではないかと。

イソクラテス的教養と口誦のロゴスを継承するマクルーハン

ソフィストと哲学者（フィロソフォス）の分断の歴史を長々と述べたのは、それがマクルーハン理解の重要な一歩であるからだ。「メディア論」が哲学史と関わりがあるなどとは当初思ってもいなかったが、「メディア論」をただのメディア論として読んだ場合、分かったつもりでも、何かすっきりしない部分が残ってしまう。『メディアの法則』を翻訳する中で、マクルーハンが西洋の哲学・人文学の伝統の上に立ってメディア論を語っていたことを知った。そうするとマクルーハンの一見バラバラに見える著作群を貫いている一本の線が見えてきた。

ソフィストを哲学者に先立つ思想家として評価しなおし、両者の対立を、依拠する「コミュニケーション形式」の違いの問題として捉えることで、一つのマクルーハン理解の道が開ける。ソフィストは歴史の闇の中に消えていったが、ソフィストの弁論術は修辞学《レトリック》に、ソクラテスの問答法は弁証学《ディアレクティック》（弁証法と同じ。三科（トリヴィウム）を文法学、修辞学、弁証学として統一した）にそれぞれ引き取られた。この二つの異なる構文法は、それぞれのユーザーの経験をそれぞれに変える隠喩である。

以来、人間の思考と経験は、口述されたもの（聴覚文化／声の文化）と書かれたもの（視覚文化／文字の文化）という二つの異なる水路を流れ、時にその水流が交差するときに、大きな社会的な対立・

抗争・分断となって現れてくる。それは、教育制度に止まらず、政治、社会、経済、宗教、生活、文化のあらゆるところに顔を出してくるわれわれに身近な問題なのである。

古代ギリシャの革命家プラトンは、詩人たちを国家から追放し、ソフィストを排撃し、ただ哲学だけを教育手段として認めようとした。だがその挑戦は失敗に終わった。

自由学科は哲学への予備課程をなすという前提——これはセネカにおいてなお前提でありえたが、古代末期には存立できなくなった。哲学はもはや一つの学科、教育にかんする形成力ではなかった。このことは、古代の終末期には自由学科が唯一の知識内容として残ったことを意味する。自由学科の数はそれまでに七つに限られ、そして、全中世を通じて保たれた順位——文法、修辞学、弁証術［論理学］、算術、幾何学、音楽、天文学の順位が定まっていた。（E・R・クルツィウス『ヨーロッパ文学とラテン中世』49）

ソフィストの弁論術は、プラトンのライヴァルであったソフィストのイソクラテスを通じてローマに継承された。イソクラテスは高い倫理性と道徳性を備えたソフィストだった。プラトンは『パイドロス』の最後に、ソクラテスにこれ以上ない言葉でイソクラテスを讃えさせている。

ぼくの思うところでは、彼イソクラテスは、そのもって生れた素質において、リュシアス流の弁論の水準をはるかに抜いてすぐれているし、その上、人がらも一段と高貴なところがあるようだ。だから、いまに年齢が進むにつれて、もし、彼が現在手がけている専門の言論そのものの領域で頭角をあらわし、かつて言論にたずさわった人たちとくらべて、大人と子供以上の差をつけたとしても、べつに驚くにはあたらないだろう。のみならず、さらに、彼がそれだけの業績に満足できずに、より崇高なある種の衝動にみちびかれて、もっと偉大なものに到達したとしても、それはじゅうぶんうなずけることだ。なぜかというと、あの男の精神には、友よ、知に対するひとつの切実な欲求が、生まれつき宿っているのだから。(『パイドロス』145—146)

イソクラテスは、真理探究とは名ばかりの争論家を厳しく批判するとともに、プラトンらの弁証学(ディアレクティケー)についても、「現場に根ざしておらず、言行いずれにおいても何の益ももたらさないものを「哲学」と呼ぶべきでない」(『イソクラテス弁論集2』239)と批判した。田中もこう書いている。

この哲学者という言葉の原語は、ギリシア語で「ピロソポス」(philosophos)というのであるが、これと「ソピステース」という言葉との使い分けについて、さきに引用したアリステイデスの同じ文章のなかに面白いことが言われている。それはいまちょっと名を出したイソクラテス(Isocrates, 436–338 B.C.)が、「ピロソポス」という言葉を自分や自分の仲間について用い、ディアレクティケー(いわゆる弁証法)を云々する連中などをかえって「ソピステース」と呼んだというのである。……イソクラテスは『ソフィストを難ず』という一書において、低級な法廷弁論の教師たちと併せて、人生何をなすべきかの知識を授けると称して、実は空虚な論理を弄ぶに過ぎないような連中を手きびしく攻撃しているのである。（『ソフィスト』15―16）

人間的営為に全面的にかかわる教養としての哲学を主張したイソクラテスは、プラトンのそれと重なり、二人は競合・対立関係にあった。プラトンのアカデミアが「幾何学の心得のない者、くぐるべからず」として、論理一貫した思惟による数学的に厳密な知識を重視したのに対して、イソクラテスの学校は、ギリシャ伝統の修辞学的教養を哲学の中心に据えた。ローマ世界に及ぼした影響は、プラトンよりもイソクラテス的教養の方がはるかに広範で重大であった。

通常、古典レトリックの正統の流れは、プラトンの弟子アリストテレスに始まり、キケロ、クインティリアヌス、とつながる流れと言われる。アリストテレスは、ソクラテスやプラトンのようにレトリックを完全には排除せず、「説得の手段」としての役割を認め『弁論術』を書いたが、マクルーハンはアリストテレスの「レトリック論」は左脳的・弁証学的に偏向しすぎていると指摘している。すなわち、アリストテレスの『弁論術』は、実際には修辞の弁証学でありソフィストの活動について弁証学の用語で説明したものである。その結果、アリストテレスの隠喩論は、主として論理学および哲学の用語で進められ、修辞学あるいは文法学の要求を満たしていない。アリストテレスの『弁論術』は、哲学者たちが修辞学の中から有用と考えるものを取り上げただけなのに、あたかも修辞学者たちの「哲学」であるかのように崇《あが》め奉られてきた。同様に『詩学』も詩学の哲学であって、弁証学者にとって有用と思われるものについての説明ではあっても詩人が使うためのものではない（M３／

291)、とマクルーハンは言うのである。

アリストテレスが『弁論術』を書いたこともあって、今日の人文学の伝統は哲学者による仕事であったかのように考えられてきたが、ヨーロッパ文芸の始祖となったのはソフィストのイソクラテスであった。

イソクラテスの後を継いでキケロ、そしてクインティリアヌスが、西欧教養教育の基本的なひな型を確立し、四世紀後、聖アウグスティヌスによって百科全書的博識と雄弁の提携がもたらされた。それは、書字という新しい地の上に回復された口誦のロゴス、すなわち三科(トリヴィウム/文法学、修辞学、弁証学)と四科(クワドリヴィウム/算術、天文学、幾何学、音楽)、あるいは自由学芸七科(リベラルアーツ)であった。この言語についての技術と科学である三科こそがマクルーハンの関心事であった。

マクルーハン思想のルーツ「トリヴィウム(三科)」

ケンブリッジに提出されたマクルーハンの博士論文は、執筆から六〇年を経た二〇〇五年、『*The Classical Trivium: The Place of Thomas Nashe in the Learning of His Time*』として書籍化された。エリザベス朝期の風刺パンフレット作家(マクルーハンは「ジャーナリスト」と呼んだ)のトマス・ナッシュ(一五六七〜一六〇一)を軸に、西洋の思想と文芸、さらに教育の基盤でもある「トリヴィウム」の歴史を扱ったものである。

マクルーハンが論文のテーマにしたナッシュの散文の文体は、時代の流れに反し、アイロニーや風刺、隠喩に富んだ口語体であった。ナッシュの変化に富んだ一見気ままな文体は、実は周到に考え抜かれた修辞学《レトリック》の技術に裏打ちされたもので、ナッシュは遠くギリシャのソフィスト、ローマのキケロまで遡る修辞学《レトリック》の伝統の上に立ち、同時代の論敵「スコラ哲学者（弁証学者）」に対抗していた。必然的にマクルーハンの研究は、ナッシュの時代から中世の教父トマス・アクィナス、アウグスティヌスを経て古代の弁論術へ遡る修辞学の歴史研究に傾斜していった。

キケロからナッシュまでの一五〇〇年にわたる修辞学の全面的な調査に取り組むことになったマクルーハンは、やがて、文法学、弁証学、修辞学の三科《トリヴィウム》が、分かち難い相補関係にあることを知り、研究スコープはトリヴィウム全体に広がることになった。博士論文は、第1章「聖アウグスティヌスまでのトリヴィウム」、第2章「聖アウグスティヌスからアベラールまでのトリヴィウム」、第3章「アベラールからエラスムスまでのトリヴィウム」、最後の第4章で「トマス・ナッシュの時代のトリヴィウム」として三科のそれぞれの状況を論じている。論じる順番は、文法学《グラマー》、弁証学《ディアレクティック》、修辞学《レトリック》の順である。

ナッシュは、トリヴィウムの中でも修辞学と連携した文法学への志向が強く、当時、ナッシュと文学と神学のあり方の問題で論争したガブリエル・ハーベイは、弁証学的思考の宗教改革論者であった。この二人の保守主義者と改革論者の論争は、当時のカトリックとピューリタンの対立を反映していただけでなく、古代の文法学と弁証学の支配権をめぐっての抗争を引き継いでいた。それは、教義の問題ではなく方法の問題であって、キリスト教内部に限らず、資本主義と社会主義の対立など今日にも連綿と続く西洋の思想対立の構図でもあった。マクルーハンはこの論争の背景にあるトリヴィウムの理解なしに、西洋社会に起きていることを理解できないと確信し、トリヴィウムの研究に没頭した。「三科のバランスの回復」こそがマクルーハンの関心となった。半世紀後のマクルーハン最後の著作『メディアの法則』はこのときすでに準備されていたと言えよう。

マクルーハンは、ナッシュがそうであったように、トリヴィウムのなかでも、あらゆる種類の書かれたテキスト、聖なるテキスト（聖書）も世俗的なテキストも、そして「自然という書物」も読まれ、解釈されるべきテキストと考えた文法学に惹かれていた。文法家マクルーハンは、本来的にメディア学者となる宿命を負っていたのである。トリヴィウムには、哲学の歴史も、文学の歴史も、レトリックの歴史も豊富にあった。マクルーハンは、ギリシャ語もラテン語も、現代のフランス語もドイツ語も読めたので、カトリック神学者でも少数しか知らないカトリックの教義から哲学までの幅広い領域を渉猟できた。こうした中で培われた広汎な知識と教養が、後にハヴロックとイニスによって種が蒔《ま》かれた西洋のコミュニケーションと文化の歴史研究を、この上なくユニークなマクルーハン思想「メディア論」として開花させたのである。

グーテンベルク技術の真のメッセージ

古代ギリシャに始まるアルファベット・リテラシー以降、文芸の解釈も自然の解釈も視覚的な偏向を受けてきた。それでもグーテンベルクの印刷術以前は、聴覚的な伝統を残す文法学と修辞学は連携し、視覚的な弁証学を従えていた。グーテンベルクの印刷技術は、その三　科《トリヴィウム》のバランスを崩壊させ、西洋の教育の伝統を廃れさせた。マクルーハンは『プレイボーイ』誌のインタヴューに応えて、こう語っている。「この印刷機の発明は、表音的文字使用の非常に重要な量的拡大でした。表音アルファベットが、部族的人間に爆弾のように降りかかったとするなら、印刷術は一〇〇メガトンの水素爆弾のように彼を打ちのめしました。印刷術は、表音的文字使用の究極の拡張でした」（『エッセンシャル・マクルーハン』27）。

活版印刷本の前には、長い手写本の時代があった。一五世紀にグーテンベルクの発明によって印刷本が作られるようになったが、初期の印刷本は手写本と体裁が大きく異なっていたわけではない。有名な「四十二行聖書」も美しい装飾が施されて手写本とそっくり同じだった。「手写本はまだ全体感覚を残したメディアであるが、印刷本は視覚を他の感覚から切り離し抽象的な心性を強化した」とマクルーハンはいう。当初、私はこの部分がどうしても理解できなかった。手写本と見た目ほとんど変わらない活字本がなぜそのような革命的な力をもったメディアであったとマクルーハンはいうのか、と疑問に思ったものである。

マクルーハンは、「手写本はでこぼこの砂利道、活字は舗装道路」という比喩で簡単に説明するのだが、読者の探求心を誘うマクルーハンの意図的な説明不足を補ってくれるありがたい本がある。それは、『書物の出現』（リュシアン・フェーヴル＆アンリ＝ジャン・マルタン、仏語原著一九五八年）である。『グーテンベルクの銀河系』（一九六二年）以前に、活版印刷技術が西洋社会と文化にもたらした広範囲な影響を詳細に論じた大著である。著者の一人歴史学者リュシアン・フェーヴルは、歴史を戦争や政治的大事件、あるいは英雄など高名な人物を軸とした記述ではなく、民衆の生活文化や社会全体の集合心性にも目を向けるべきとしたアナール派歴史学の創設者の一人であった。

話された言葉は、人間が自分を取り巻く環境を新しい方法で理解するために、その環境を自分から切り離すことを可能にした最初のテクノロジーだった

リュシアン・フェーヴルは一九五六年、構想を組み立て、序文を書き上げたところで亡くなったため、あとは弟子の書誌学者アンリ＝ジャン・マルタンが引き継ぎ完成させた。その後の、書物史の研究の先駆けとなった本である。

フェーヴルは序文に次のような言葉を残している。

> 西洋社会のただ中に出現した「書物」は、一五世紀中葉から普及し始め、二〇世紀中葉の現在では、全く異なる原理にもとづく数々の発明によって脅かされ、今後も永らくその役割を演じ続けられるかどうかが危ぶまれている。

「全く異なる原理にもとづく数々の発明」というのは、言うまでもなく映画、レコード、テレビといった電気的複製技術である。マクルーハン同様、一九五〇年代という未だ書物が社会の支配的なメディアであった時代に、すでに書物の消滅の可能性を感じていた。フェーヴルがこの時期消滅に不安を抱くほど書物は西洋社会に深く根ざしたものであった。書物の出現がその後五〇〇年間世界を支配する西洋をつくったのである。フェーヴルは書物が「西洋文明がかつて手にしたうちで最も強力な道具のひとつたり得た」その所以《ゆえん》を示すことが本書の目的であると書いているが、その所以の一つである、それまでばらばらであった「砂利道」の西洋を「舗装道路」で一つにしたことを、次の記述が説明してくれる。

中世も末期の書体は、社会階層やテクストの性質やそれぞれの地域毎に特徴を示している。その書体の多様性こそは、この時代のヨーロッパがいくつもの文化に仕切られていたことを、地方や地域はあたかも違う時代を生きているが如くに異なっており、またそこでは、各社会層は、国境をこえて同時にそれぞれ固有の文化を所有してもいたことを、はっきりと表明している。(『書物の出現（上）』21)

手写本の書体は、個人によっても、階層や地域によっても「個性」が出ざるを得ない。そうした個性をマクルーハンは「砂利道」と呼んだのだ。印刷本がやったことの最大の影響は、こうした「個性」を本から排除したことであった。活字は文字から「個性」を奪い、書物を砂利道から高速道路に変えた。しかし印刷技術の真のメッセージはまだ明らかになっていなかった。印刷技術が登場してからも一世紀の間、一六世紀を通して新聞雑誌の作者は、印刷登場以前の時代の口頭コミュニケーションのおしゃべり的な自由さ、調子の変化、乱雑さを残していた。マクルーハンは、この時代の新聞雑誌を「ロデオの馬が飛び跳ねるような文体」と言っている。

一七世紀になると、印刷技術の本当のメッセージが次第に明らかになってきた。印刷技術の真のメッセージは、「文章のスタイル革命の要求」であった。視覚以外の他の感覚は、論理なくして対象を「認知」できるが、視覚だけに頼った印刷メディアは、一時に一つのことだけを見、順を追って進んでいくことを習性とする。順を追って進行する文字情報の理解には、文体の一定の調子と話の筋、すなわち「論理」が求められるようになってくる。マクルーハンの言葉だとこうなる。「書物の読者の目は一つの音、一つの調子《トーン》をとり出してみることを好むばかりではなく、一時に一つの意味をみることを好むのである。地口《パン》や多義といった同時性のものは――話し言葉では生命であるが――書かれた言葉の場合には、品位にそむき、効率のさまたげである」(『マクルーハン理論』40)、あるいは「新しい読者のスピードのある目は、調子が移り変わることは喜ばず、本全体を通して一頁一頁の調子が着実に一貫していることの方を歓迎した。それはちょうど自動車に乗っている人が、バーマ・シェイブの叫びやミス・ラインゴールドの魅力的な身ぶりの広告がまき散らされた道から、ハイウェイに出るような場面の変化に似ている」(同、47)。

古代ギリシャに始まった線的思考のアルファベット・リテラシーはここに完成し、近代の扉が開かれた。活字本ほど画一的で直線的なものはそれまでなかった。聴覚的感覚を残していた世界は球形をしており、あらゆることが複雑に絡み合う魔術的、多次元的空間であったが、活字によって世界の出来事は直線的に並べられた。結果にはその前に原因があり、時間は過去から現在、未来へと線上を流れていく連続的で平面的なニュートン的な世界観が出現した。

それまでの千変万化する変容的な世界は「静止」させられた。マクルーハンはそれを「縛られたプロテウス protheus bound」といたずらっぽく呼んだ。これはアイスキュロス作のギリシャ悲劇『縛られたプロメテウス prometheus bound』をもじったマクルーハンお得意の洒落《パン》である。ギリシャ神話で変幻自在な力をもつ海神プロテウスにも似た変容的な性質をもった聴覚空間が、アルファベットの登場によって縛られた結果、相互作用のない静止した視覚空間になったことを比喩的に言っている。「諸感覚がダンスするとき、変身(トランスフォーメーション)が経験の共通感覚モードである。

そして視覚が他の感覚に対して君臨するとき、万物は静止する」（M3／25）。

活字本の線的思考に抗う「聴触覚空間」への傾倒

マクルーハンの関心は一貫して「聴触覚空間」の回復であった。マクルーハンは同じトロント大学の心理学の教授であったカール・ウィリアムズとの交流を通じて聴覚空間 auditory space への関心を深めた。当初マクルーハンは音響空間 acoustic space という言葉を使っていたが、ウィリアムズは、音楽堂のような物理的空間がついてまわる acoustic space は間違いで、auditory space が正しいと助言した。後にマクルーハンは聴覚空間と触覚空間は不可分であるとして、それを聴触覚空間 audile-tactile space と呼ぶようになった。マクルーハンの聴触覚空間に対するこだわりは、著書のいたるところに出てくる。マクルーハンがよく引用するリュセイランの『そして光があった』は、七歳のとき事故によって視力を失ったリュセイランが苦労しながら聴触覚を使って世界を再構築する話である。

ある現代思想家たちが抱く客観性という神話に出くわしたとき、私は怒りがこみあげてきた。この手の人たちは世界はたったひとつであり、誰に対しても世界は同じと考えている。そしてそれ以外のあらゆる世界は、過去から残されたままの幻想と見なされるべきであるという。……私は自分の経験から、あの記憶この連想を取り去ってしまうだけで、聴覚や視覚を人間から奪ってしまうだけで、一瞬のうちに世界が変容してしまうこと、別のまったく異質ではあるがそれ自体一貫した世界が生じることを知っている。（『そして光があった』／M3／114―115）

誰もが彼が理解する以上のことを経験する。依然として、経験が、理解すること以上に、行動に影響を与えるのである

マクルーハンが好んで引用するジークフリート・ギーディオンの名著『空間・時間・建築』も、空間が予め与えられたもの（つまり視覚的で客観的なもの）ではなく、もっと多面的で多様なものであることを論じている。

また、T・S・エリオットの「聴覚的想像力 auditory imagination」もマクルーハンのお気に入りだ。エリオットは聴覚的想像力を定義してこういう。「私が「聴覚的な想像力」というのは、音節やリズムにたいする感情であって、思想や感情の意識層のずっと下までしみとおって、あらゆる言葉に生気をあたえ、もっとも原始的で、忘れさられたものにしみこんで、根源にまでかえって、何かをとりもどし、ものの始めと終りをさぐりだすことであります」（『詩の効用と批評の効用』）

マクルーハンは、現代社会の深刻な論争が視覚的世界の住人と聴触覚世界の住人との間の衝突であると見ていた。そして後者に肩入れすることが人間性の回復につながると信じていたのである。

活字が生み出した「国民国家」

世界の「静止」は多大な影響を西洋社会にもたらした。印刷されたアルファベットの副作用によって生じた連続的な視覚空間は、非連続的であるが故に神秘主義的とみられた因果性、すなわち「効果の研究」を退け、アリストテレスの四原因のうち、連続的記述が可能な動力因のみを探求する近代科学を生んだ。

活字が生み出したもののもう一つは「国民国家」である。写本で使われていた言語は主に当時の国際語であるラテン語であったが、活字印刷が始まると各国語の本がどんどん印刷されるようになった。これは印刷機械の導入に多大な投資をした印刷事業者としては投資の回収のために本の読者層を広げる必要があったこと、本が安価にできるようになって一般市民の間にも本のニーズが高まったことによる。

本の読者は僧侶、学者階級から、富裕な市民、中流階級の商人、女性へと広がった。自国語の本による情報の伝達が盛んになるにつれ、それまでばらばらであった各地域には、地域語（方言）は残っていたが、共通の言葉を理解する集団としての国民意識（ナショナリズム）が生まれた。この事情は日本でも同じである。江戸時代は「お国」と言えば、それぞれの出身の藩である。明治初期には「日本人」という意識はほとんどなかった。

国家意識に目覚めた明治新政府は「国軍」を創設したが、全国から召集された兵隊の言葉（お国言葉）が違いすぎて、上官からの命令が伝わらなかったという。これでは戦争どころではない。明治政府は東京山の手（当時東大の教師などインテリが多く住んでいた）で話されていた一地域語を「標準語」として定め言葉の統一を進めた。それを可能にしたのはヨーロッパから輸入されたばかりの活版印刷技術であった。近代国家としての統一とは言葉の統一でもあった。同時期にあった「言文一致運動」は、（文語に代えて）標準口語で書くということに止まらず、標準口語の文体化でもあった。

標準語は「書く」ように話される。何故なら活字言語の標準語には、抑揚やリズムの変調がないからだ。標準語の話し言葉とは視覚的な様式に換えられた言葉である。標準語には言語の息遣い、身体感覚が乏しいと感じるのはそういうことによる。本を読めば読むほど演説が下手になる。無意識のなかで活字を連想しながら話す言葉では聴衆の感情を揺さぶれないのである。活字で書かれた「ありがとう」は、誰が発した言葉であってもたった一通りの感謝の概念であるが、話し言葉であればまさに百人百様の効果・ニュアンスを持つだろう。I・A・リチャーズが『科学と詩』の中で言ったように、話し言葉の声のトーンやリズムも意味の重要な構成要素の一つなのである。

今日、学校の印刷教材とNHKによる「標準語」教育の成果によって、多くの人が「標準語」で読み、書き、聞き、話すことができるようになったが、方言がなくなったわけではない。マクルーハンにも影響を与えたウォルター・J・オングは『声の文化と文字の文化』の中で、活字文化の影響を受ける以前の口承の言葉の思考と記憶様式が、いかに今日の我々（印刷文化に深く侵食されてしまった活字人間）と異なっているかを、ホメロスの叙事詩を題材に論じている。

マクルーハンに言わせれば未だ部族的な口誦社会の名残をとどめている我々日本人ではあるが、活版印刷導入によって大量に印刷された標準語は、遅ればせながら直線的、論理的な「文字の文化」を形成し、それが日本の近代化の「地」となった。一方、印刷文化の「偏向《バイアス》」を免れた方言（方言の印刷物はほとんどない）は、全体感覚と感情を喚起する「声の文化」の基盤として地方に息づいている。

活字本と近代工業社会――最初の量産品としての本

新しいメディアは古いメディアをコンテンツとして取り込むことで社会に浸透していく。しばらくの間、新しいメディアは、古いメディアの内容には影響を与えないようにふるまう。テレビに映画が流されても「映画」は映画である。新しいメディアがその本質を表してくるにはそれなりの時間の経過が必要である。時間の経過とともに、新しいメディアは次第にそのメディア固有の性格を顕《あらわ》にしてくる。かつてテレビニュースは、新聞を読むように説明調に事件を伝えていたが今は違う。ニュースはテレビに合うように加工・編集されてバラエティ番組になった。テレビに論理は不要であることが明らかになったのである。

映画は、テレビやビデオ、DVDによる視聴を意識してシナリオと長さが決められるようになる。あるいは初めからお茶の間（リビング）を意識した映画がつくられるようになる。「テレビ番組の劣化」が言われて久しいが、番組制作者の問題というより、テレビというメディアが本来的に持つ性格が前面に出てきただけである。テレビは、「立派な論」や「高尚なドラマ」、つまり活字的な価値観の内容は合わないのである。

活字本と手写本の関係も同じであった。活字本が登場したことで「古いメディア」の手写本は、新しいメディアである活字本の「内容」となった。初期の活字本が手写本そっくりにつくられたということは、手写本が活字メディアの「内容」となったということである。印刷本も商業的な成功のためには手写本とそっくりであることが、当初は必要であった。手写本とそっくりであること、古いメディアと同じ質を新しいメディアで再現することが、新しいメディアの技術的勝利を意味した。

活字本の本質が「線的思考・一貫性」の強制であったことは前述したが、さらに活字本にはもうひとつ隠れた特質があった。それは人類初の「量産品」であったということである。「印刷本は、最初の大量生産《マスプロダクション》の製品である」というマクルーハンの何気ない一言を見つけたとき、目が開かれる思いだった。「グーテンベルクの印刷技術によって高められた合理精神が西洋文明をつくった」という抽象的な説明だけでは、印刷技術が西洋社会に与えたインパクトはピンと来なかったのだが、そもそもその印刷技術によってつくられた製品（＝本）こそが、最初の「機械的大量生産品」であったというのは、なんてワクワクする発見であろう。偶然にしても話がうまく出来すぎている、と思ったくらいである。それまで当たり前すぎて、つまり文化や習慣に隠れて見えなくなっていたものであった。

マクルーハンは、『グーテンベルクの銀河系』で文化人類学者のマーガレット・ミードが太平洋の島に調査に行ったとき、島の住民が印刷された二冊の本を見て驚いた、というエピソードを紹介している。本に驚いたのではない。島にはすでに印刷本があった。島の住民が驚いたのは二冊の本がまったく同じだったことだ。機械文明を知らない人間にとって、まったく同じ「物」を二つ作る技術は驚異の技術であった。

グーテンベルクの時代のヨーロッパでもそれは同じだった。『印刷革命』を書いたE・L・アイゼンステインは、ミードの太平洋の島のエピソードに似た話を紹介している。グーテンベルクの事業の出資者であるヨハン・フストは、かの「四十二行聖書」の最後の一ページが刷り上がるや一〇冊ばかりの印刷された聖書をかかえてヨーロッパ第一の大学都市パリに向かった。当時パリには一万人以上の学生がいて、フストにとって出資した金を回収できるかを試すには最高の場所だった。本は売れた。フストが次々に聖書を売るのを見た当時のパリの書籍関連事業のギルドである、書籍商・羊皮紙商組合・製本工・写本装飾家たちは、他所者がこんな大量の貴重な本を持って現れたことに驚き、こんな高価な本をひとりの人間がこれほど手にすることは、悪魔の助けがあったに違いないと警察に訴えた。そのためフストは命からがら逃げ出す破目になったというのである。どこまで本当の話か分からないが、こんな話が伝わっているほど当時の人々にとって「大量の同じ物」というのは驚愕の対象であったのである。

　印刷本は、同じ組版で印刷したものは一冊一冊寸分違わない均質な製品になるが、当初は古いメディアの手写本に引きずられて多様化への圧力も働いた。印刷事業者は徹底的に手書きの書体を真似たいと願っていたため、当初は活字の数は増えるばかりだった。テレビニュースが新聞記事の名残をとどめていた時代に似ている。しかし、商業的な理由から、即ち安価な本を求める読者ニーズに応えるため、あるいは競争相手との競争に勝つため、印刷術は均一化、単純化、つまり近代工業社会の基礎概念である「規格化」に向かうことになった。

　効率化に目覚めた活字本が手写本とは趣を異にする体裁を帯びてくるのは時間の問題だった。活字本の体裁の変化の中でも、その後のヨーロッパ社会に大きな影響を与えることになったものは、「字体の統一」、「丁付け（ページ数の付与）」、「小型化」である。本の初期には各地域で様々な字体が使われていたが、やがて、スコラ学の著作に使われていた〈スンマ書体〉、教会用の書物に使われていた〈ミサ典書書体〉、豪華写本や物語作品に使われていた〈折衷ゴチック書体〉、古典古代の書体である〈ローマン体〉に収斂《しゅうれん》し、最後に〈ローマン体〉が勝利を収め、西ヨーロッパ全域で使われる唯一の字体になった。〈ローマン体〉の勝利とは、古典古代の精神の再生を図った人文主義者《ユマニスト》の勝利に他ならず、ローマン体はルネサンスの隠れた原動力であった。

　手写本の時代は、各写本によりページ数が異なっていたため、各ページに「ページ数」を示すことは不可能であった。番号が付与されていても誤りだらけだった。最初は、製本職人の作業の効率化のために付与された数字が、次第に整理されて本の「ページ数」になった。

初期の活字本は、手写本同様、図書館に大切に保管されるもので大型であったが、流通量の増大によって本の価格も低下し、本をいつでもどこでも読みたいという「携行版」のニーズが生まれた。本はより広範な読者の獲得のために小型化し、現在の本の体裁に近づいていった。

ページの付与によって、検索性が高まり、本が知識の「データベース」になった。本の「ページ数の付与」と「巻末の索引」は近代科学発展の形相因であった。「携帯本」の普及は、ヨーロッパ人のリテラシーを高め、知識への欲求を促し、大航海と近代工業社会を準備した。マクルーハンに指摘されるまで、本が「メディア技術」であることに誰も気がつかなかった。

本というメディア技術の変遷を見ると、新しく登場した電子メディアがどのように姿を変えていくのか想像できる。電話は、最初から「携帯化」に向かっていたのだ。ラジオもテレビもレコードもパソコンも、情報に関わる技術は小型化され携帯されることを望んでいる。ジョブズには、パソコンがiPhoneに姿を変えていくことがはっきりと見えていたのだろう。

グーテンベルクの印刷技術以降、視覚的な偏向を受けた抽象的な理論体系の弁証学《ディアレクティック》が優勢となった。それにともない、文法学《グラマー》も修辞学《レトリック》も弁証学的あるいは左脳的鋳型に鋳直されて傍流の道を歩むことになる。キリスト教は、印刷術によって生まれたプロテスタントとカトリックに分裂し、前者は弁証学と、後者は文法学や修辞学と親密に歩んできた。カトリックに改宗したマクルーハンは、傍流となった文法学と修辞学の系譜を追い、二人の思想家に出会う。フランシス・ベーコンとジャンバティスタ・ヴィーコである。マクルーハンは二人が文法学および修辞学を系譜とする「古典学派《アンティクイ》」であることを知る。

エリックは、父マーシャルが『メディアの法則』をまとめるため、仕事に没頭する様子をこう書いている。

本書をまとめるための数年間、父は何度もベーコンやヴィーコの著作を読み返した。それはまるで同僚に助言を求めているかのようだった。父は私よりもずっと詳しく彼らについて知っていて、その私の彼らについての知識はすべて父から学んだことであった。父は、ベーコンとヴィーコおよびその他の文法学者たちが、自分と同じ道を歩んだ（あるいは彼らと同じ道を自分が歩んだ）ことを知った。彼らはみな文学教育のツールを用いて、この世界とそこに住むわれわれ自身の役割を理解しようと全霊を傾けたのである。（M3／6）

伝統的哲学へのベーコンの批判——現実の観察と帰納法

ベーコン（一五六一～一六二六）は、近代科学を創設した哲学者（弁証学者）と思われているが、トリヴィウムの分類でいえば哲学者（弁証学者）ではなく文法学者であった。彼が『ノヴム・オルガヌム（新機関）』で目指したものは古代の知恵の回復、即ちアリストテレスに始まる弁証学的方法（オルガノン）を革新し、「自然という書物」を読み解くための古代の学習と技術を回復させることであった。ベーコンの著作には、プラトン、アリストテレスを頂点とする伝統的哲学やスコラ哲学への激しい非難が溢れている。ベーコンは『学問の進歩』の中で、「弁論術の任務と役目は、意志を理性の命ずる方向にいっそうよく動かすために、理性の命令を想像力にうけいれさせることである」、「論理学は、道理を、厳密に、真にあるがままにとり扱い、弁論術は、それを、一般人の考え方と習俗にうけつけられるようにとり扱うのである」として弁論術の役割を評価する一方、プラトンが、弁論術を料理術のように「快楽の術」と考え排除したことは、はなはだしく不当であると非難した。また、『時代の男性的な生産』や『思索と所見』などの著作においても、欠点だらけの帰納法を用いて精神を油断させ、資料から分離した抽象的な形相を求めることに満足し、自然哲学には関心をもたず、ただ哲学者という栄誉ある称号を保持したに過ぎないと論難している（『フランシス・ベイコン研究』182—183）。

アリストテレスについてはもっと手厳しい。ベーコンは、『ノヴム・オルガヌム』の中で、アリストテレスが「自分勝手に新しい学術語を作り、伝統に敬意を払うことなく古人の知恵をすべて破壊するためだけに過去の作家を引用していること、一般命題を構成するにあたり経験に諮らず、自分で勝手に決定したために経験を歪めてしまっていること、自分以外の他の諸哲学を敵意ある論駁によって薙ぎ倒した後に、個々のことをてきぱきと決めつけ一切を絶対化したために、彼の後継者たちはそれ自体を目的にしてしまったこと」を厳しく批判しているのである。

とくにベーコンが批判したのは、理論の美しさに酔って人間生活に何ら貢献していない演繹論理学、すなわち「大前提が真で、小前提が真であれば、結論は必ず真となる」という定言三段論法的論証形式である。

すべての人間は死ぬ（大前提）
ソクラテスは人間である（小前提）
ゆえにソクラテスは死ぬ（結論）

こうした論証においては、じつは結論は前提に織り込まれており、導き出される結論は前提の内容を上回ることはない。「死すべき人間であるソクラテスは死ぬ」と言っているだけで何ら新しい知識を生産していない。演繹ができることは、前提のなかにすでに暗示されているがまだ「証明」されていない事実を明らかにしていくことだけである。前提から下に向かって下降するだけの数学的な論法なので説得と論争には向いている。その場合でも、問題は疑う余地のない真なる前提をいかに設定できるかという点にある。前提が誤っていればすべては崩壊する。

すべての人間は死なない（大前提）
ソクラテスは人間である（小前提）
ゆえにソクラテスは死なない（結論）

ベーコンはこう言っている。

我々は推論式による論証を退ける、それは混乱を助長し自然を手中から逸するから。たとい中名辞と一致するものが相互の間でも一致するということ（これは数学的確実性をもつ）が、何びとにとっても疑い得ないとしても、しかし推論式は命題から、命題は名辞から成り立ち、名辞はだが概念の符牒であり記号であるという点に、欺瞞のおそれがあるのである。したがってもしも精神のもつ概念そのもの（これらはいわば名辞の心であり、この種の構造および仕組全体の基礎なのである）が、事物から不手ぎわにかつ軽率に抽象され、あいまいで充分に規定され区切られてもいず、結局多くの点で欠点あるものであったとしたなら、一切は崩壊してしまうのである。（『ノヴム・オルガヌム』38）

現代のわれわれの日常においても、様々な権威によって惑わされ「不手ぎわにかつ軽率に抽象」された前提のもとに推論が始まることはしばしば経験する。前提の検証が疎《おろそ》かなまま討論が進行しても三段論法の論証方式が数式の証明を解くような美しさをもっているため、誤った結論であっても権威を持ってしまうのである。ベーコンはこうした公理からの演繹を批判し、現実の観察を重視した。

ベーコンにとっての学問・哲学は、人間の生活を豊かにし、利益をもたらしてくれる実践的なものでなくてはならなかった。そのためには、人間の知性を高め、能力を拡大することを可能にする新たな技術を論理学に導入することが必要だった。

ベーコンの提唱する推論は、従来の論理学の証明の順序とは逆の、「感覚および個々的なものから一般命題を引き出し、絶えず漸次的に上昇して、最後に最も普遍的なものに到達する」とする帰納法である。三段論法や演繹法による論理学が、特殊事例から、あるいは単純枚挙の帰納法から、一気に普遍的な原理に飛躍してしまい、現実から遊離した空想的な議論に終始するのに対して、ベーコンの提唱する帰納法は、経験や実験を通して集めた研究対象の性質の一覧表をつくり、それを比較・対照し、一歩一歩証明していく着実な方法である。

伝統的な論理学・哲学が、討論の相手を言い負かし抑えつけるのに対して、帰納法にあっては、人間の知性は高められ、学問は活力を取り戻し、自然の解明も可能になるのである。ただ、人間の精神は、さまざまな先入見、偏見に取りつかれているため、平らな鏡であるどころか魔法にかけられた鏡のようなものであって自然の事物の光を正しく受け止められない状態にある。ベーコンは人間の精神を惑わし、正しい推論を妨げるものとして四つの「幻像（イドラ）」を示し、その排除を主張した。

種族のイドラ：人間の本性に根ざした偏見。対象を自分に都合よく合わせて変形させる傾向によって生ずる先入見

洞窟のイドラ：洞窟の中から外界を眺め見ているように、個人の性質や教育、習慣などによって生ずる先入見

市場のイドラ：人間の交わり（コミュニケーション）、接触によって発生する偏見、言葉の不適切な使い方によって知性に忍び込んだ先入見

劇場のイドラ：過去の哲学者たち、思想家たちの学説の権威によって生ずる先入見

車輪は足の拡張であり、本は目の拡張であり、衣服は皮膚の拡張であり、電気は中枢神経の拡張である

弁証学者が理性のみに明証性を求めたのに対して、文法学者は経験と知覚を重視し、一切の先入見を排除して対象に肉薄した。文法学者にとって、世界とは理解するものと理解されるものの数学的なマッチングではなく、認識が作り出す過程（メイキング）、即ち発見と創造である。

ベーコンは『学問の進歩』の中で「知の方法」について「知性の技術は数からいえば四つあり、それらが向けられた目的に応じて区分される」。なぜなら「人間の仕事は、探求されあるいは提案されているものを発見するか、発見されたものを判定するか、判定されたものを保持するか、保持されているものを伝達するかのどれかであるから」と書いている。このベーコンの掲げる四つの知の技術、「探求あるいは発見の術 Art of Inquiry or Invention」、「吟味または判断の術 Art of Examination or Judgement」、「保管あるいは記憶の術 Art of Custody or Memory」、「発表あるいは伝達の術 Art of Elocution or Tradition」は、順序こそ違え、伝統的レトリックの体系の五部門（「発見 inventio」、「配置 dispositio」、「文飾 elocutio」、「演技 actio」、「記憶 memoria」）に対応するものである。

ベーコンはレトリックの伝統のうえに、新しい科学的方法を構築しようとしていた。そして、ベーコンが伝統に則って「発見」を知性の技術の一番目に置いたと同様に、マクルーハンもまた、最初に来るものは「発見」でなければならなかった。

私は探偵である。私は探索《プローブ》する。私は視点をもたない。私は一箇所にとどまらない。われわれの文化においては、一つの固定した場所に止まっている限りは歓迎すべき者と見なされる。だがいったん周辺に動き出し境界を横切り始めると、不届き者と見なされ、非難の格好の的となる。探検家はまったく気まぐれである。彼はいったい何時すごい発見をするのかを知らない。また探検家に一貫性を適用しようとしても無意味である。もし首尾一貫していたいなら、彼は家でじっとしていることだろう。ジャック・エリュールは、プロパガンダは「対話」が止むとき始まる、と言っている。私はメディアに問い返し、探検という冒険に旅立つ。

私は説明しない
私は探検する

（Marshall McLuhan, “Casting my perils before swains,” in Gerald E. Stearn, ed., *McLuhan: Hot & Cool*, Dial Press, 1967, p.13）

「視点とは、構造的認識を記録するのに失敗した結果生じたものである」とマクルーハンは言う。視点をもつ、説明するとは、早々に価値判断を下し、下に向かって下降するだけの演繹的、直線的な道を歩むことである。それは脇道のないトンネルのようなもので「発見」とは無縁の道である。マクルーハンは判断を保留して、議論のための素材（論点）の収集を続けながら、隠れていた「地」（暗黙知）が浮かび上がってくるのを待っていた。先に紹介したドラッカーとの対話による「発見」の逸話はまさにそれである。

弁証学《ディアレクティック》は「発見」には関心を持たず「判断」、つまり論証を専らとした。一方、キケロ以来の弁論術《レトリック》の伝統ではその両方とも有用であるとして探求するが、自然の順序として「判断」よりも「発見」が先行するのである。マクルーハンは「概念《コンセプト》から知覚内容《パーセプト》へ」との表現も好んで使ったが、これも同じことを言っている。発見は、概念的理解の前に知覚によってもたらされる。彼が好んだ隠喩《メタファー》やアナロジーは知覚による「発見」もしくは「創造」の方法であった。すなわち、隠喩思考によって、遠く離れた二つの事柄の間に「類似性《アナロジー》を見つける」あるいは「新たな類似性を創り出す」のである。こうしてありとあらゆる断片化的事柄が隠喩的に繋がり、総体化された世界が現前する。

マクルーハンは、弁証学（論理学）用語の「帰納法」はあまり使っていないが、アナロジー的思考を促す「帰納法」は、弁論術用語でいえば「例証（パラディグマ）」である。「例証」とは、未だ言葉によって提示することが困難なものを既知の類似した個別事例を用いて論証しようとするものである。マクルーハンの方法はまさに「例証」であろう。彼はそれを「モザイク・アプローチ」と呼んだ。本質的に聴覚的同時場の電気メディアの理解にあたっては、活字の視覚的で連続的アプローチよりも、感覚間の相互作用を生じさせる二次元的モザイク的推論の方がはるかに容易なばかりか唯一適切なアプローチである、とマクルーハンはいう。モザイク・アプローチによって、線的思考では見えなかった歴史の中の因果関係が浮かび上がってくる。

ヴィーコが立脚する「共通感覚」という判断力

ベーコンの『ノヴム・オルガヌム（新機関）』から一世紀近くたった一七二五年に、修辞学者ヴィーコ（一六六八〜一七四四）は、『新しい学』のなかでこう主張した。

はるか古《いにしえ》の原始古代を蔽っているあの濃い夜の暗闇のなかには、消えることのない永遠の光が輝いている。それは何人たりとも疑うことのできない真理の光である。即ち、この社会は確実に人間によって造られたものであるから、その原理は我々の人間精神そのものの変化様態のなかに求めることができ、またそうでなくてはならないことである。……自然界を創ったものは神であるから、その学をもちうるのはひとり神のみであるが、これにたいして、諸民族の世界即ち文明社会を造ったものは人間なのだから、この「学」を究めることができるのは人間なのである。
（『新しい学』１５６）

ヴィーコはもともとデカルト主義者であったが、ベーコンの経験主義に接して四〇歳を過ぎてからデカルトの批判を開始した。レトリックと詩学の素養を身に付けた修辞学者ヴィーコが、レトリックを不要のものとするデカルトから離れるのは必然であったろう。ガリレオやデカルトが、自然のなかに「数学の言葉」を見出そうとしていたのに対して、ヴィーコは人間の「精神の語彙集」に第二の自然（文明）を解明する手がかりを見つけようとした。何故なら、新しいテキスト（文明）は人間がつくった社会的な人工物であり、人間の感受性の変化、言葉の変化はその結果であるから。ヴィーコはこう言っている。

人間文化の本質のなかには、あらゆる民族に共通する一つの精神言語が必ずや存在するに違いない。この言語は人間の社会生活のなかに起りうる事象の本質を理解して、それらの事象が呈しう

子どもはかつて、あさはかでもっときまぐれなものだった。テレビっ子はより熱心で一途である

るさまざまの様相を通じて、それに相応した変化をもって、この本質を説明してくれるはずである。その証拠が諺、即ち世俗的知恵の格言である。諺のなかには、本質的に同一のことが、古代・近代のありとあらゆる民族によって、国の数だけ異なった表現で理解されているのである。

（同前、122―123）

プラトンの系譜をひく数学的思考のデカルト（一五九六～一六五〇）にあっては、知識とは「三角形の内角の和は二直角に等しい」といった幾何学的真理のように、確実にして明証的・必然的な認識のことであり、蓋然《がいぜん》的なものはどんなに真実らしくても学問的探求の領域にあっては虚偽として排除される。デカルトは、歴史的伝承や経験、知覚に基づく認識は歪曲や捏造が紛れ込んだ蓋然的なものであるとして否定したが、ヴィーコは、歴史的認識のなかに正統性を認め、人間、社会、歴史の研究においては「真実らしいもの」すなわち蓋然性も考慮されなければならないと主張した。真理とは、長い期間にわたって多くの人が積み重ねたものにより漸次的に明らかになってくるものであり、数学的に、理性的に一挙に明らかになるものではない。ヴィーコは人類すべてに共通する判断力「共通感覚（常識）」に真理を求めたのである。

青年たちにあっては、長じてからの実生活において奇妙で異常な結果にならないように、できるだけ早く共通感覚《センスス・コンムーニス》〔常識〕が育成されるべきであるからである。ところで、知識が真理から、誤謬が虚偽から生まれるように、共通感覚は真らしいものから生まれるのである。確かに、真らしいものは、あたかも真理と虚偽の中間物のようなものなのである。そうして、ほとんど一般に真理であり、きわめてまれにしか虚偽にならないのである。(『学問の方法』26―27)

アリストテレスが名づけた諸感覚の統合としての「センスス・コムニス(共通感覚)」(ラテン語)は、後に人々が共通に持つまっとうな判断力、すなわち「コモン・センス(常識)」の意味合いを持つようになった。「常識《コモン・センス》」に照らし出される「真実らしいもの」は、虚偽として捨て去られるのではなく真理の側へと引き戻されねばならない。中村雄二郎は、「常識《コモン・センス》」についてこう書いている。

〈社会通念としての常識〉は、多面性をもった豊かな現実、変化する生きた現実を十分に捉ええないものとして問われ、打破されねばならない。けれども、だからといってまったく無用なものであるどころか、私たちにとって社会生活上なくてはならないものであって、むしろ〈豊かな知恵としての常識〉へと自己脱皮するための前提となっている。(『共通感覚論』32)

常識《コモン・センス》はレトリックの知の座、すなわち繋ぐ力、統合の力の源泉である。何故なら常識は、語源を遡れば五感を貫き、それらを統合して働く全体的な感得力、すなわち共通感覚《センスス・コムニス》であったのであるから。

共通感覚は感覚と理性の交差点であり、共通感覚をいきいきと働かせることが理性の不毛な形式化を回避し、感性・感情を高次の秩序のなかにおさめることができる。中村は、デカルトが言語から感覚や想像力を含む部分を排除し、言語をもっぱら概念や理性にかかわるものとすることで共通感覚を喪失してしまったことを指摘する一方、弁論術の特徴が常識との結びつきにあることをキケロの言葉を引きながら指摘している。キケロは次のように記した。

他の学術の研究対象は幽遠にして深奥な源泉から汲《く》み出されるのに対して、弁論の理法のすべては、言わば衆人環視のもとに置かれ、万人共通のある種の慣習、一般民衆の言辞や言説に関わるものであり、したがって、他の学術にあっては、門外漢の感覚や知性の及ばないはるか遠くかけ離れたものであればあるほど卓越したものと見なされるのに対して、弁論の分野にあっては、大衆の言論から乖離し、万人の常識に基づく慣行から逸脱することは、まさしく最大の過失と見なされる。(『弁論家について(上)』15—16)

かつてソフィストたちは、プラトンから「弁論術は、聴衆に対して〝善〟よりも〝快〟に訴え、真実よりも真実らしいものを信じ込ませる単なる迎合《コラケイアー》である」と批判された。だが見方を変えれば、名門出エリートのプラトンは大衆の常識を信じておらず、彼らを裁判や政治に参加させる民主政に批判的なのである。プラトンの理想は、あくまで「哲人王」による統治なのである。

一方、ソフィストには、歴史の中で培われた世俗的知恵、大衆の常識に対する信頼があった。大衆が使う言葉には、豊かな想像力に結びつきうる活力が秘められている。今日のポピュリズム批判の原型とも言えるプラトンのソフィストへの批判に対してソフィストが反論した記録はないが、反論したとすればヴィーコのデカルト批判と同じようなものであったろう。今日でも通用する理論知に対する実践知からの批判である。

知識《スキエンティア》は賢慮《プルーデンティア》とは次の点において相違している。すなわち、知識において秀でているのは、自然の数多くある現象がそこに引き戻されるところの単一の原因を探究する人々であるのに対し、賢慮において卓越しているのは、ある一つの行為のできるだけ数多くの原因を探り出して、どれが本当の原因であるかを推測する人々であるということである。……学識はあるが賢慮を欠いている者たちは最高の真理から出発して最低の真理を統制しようとするが、これに対して、知恵ある人は最低の真理から出発して最高の真理に向かうのである。……一般的真理からまっすぐにもろもろの個別的真理に降りてゆこうとする、学識はあるが賢慮を欠いている者たちは、実生活の曲がりくねった道を何が何でもまっすぐに突き進んでゆこうとして、道そのものを打ち壊してしまう。ところが、実生活において行うべきことがらのさまざまな紆余曲折と不確実を経て永遠の真理を目指す知恵ある人々は、まっすぐに進むことはできないので回り道をし、そして、時が経つにつれておのずと利益をもたらしてくれるであろうようなうまい考えを案出する。……一つは哲学であって、このほうは知恵のある者たちにおいて彼らの心の動揺を適度に抑えることによって、そこから徳が出てくるようにおもんぱかるのであり、またいま一つは雄弁であって、このほうは民衆のうちに彼らの心の動揺をむしろ燃え上がらせることによって彼らを徳の義務を果たすようしむけてゆくのである。しかし今日では――と学識ある人々は反論するかもしれない

――国家の形態はもはや自由な国民においては雄弁が支配しえないようなかたちでできあがっているのではないか、と。確かに、ありがたいことにも、今日では君主たちはわれわれを言葉によってではなく法律によって統治している。しかし、これらの国家自体の内部にあっても、広範かつ多彩で燃えたつようなしゃべり方において傑出した弁論家たちが、法廷や議会、そしてまた神聖なる説教の場において、国家にとって最高に有益であり、また言語にとって最大に光栄なことにも、光り輝いているのが見られる。(『学問の方法』58—68)

レトリック復権の企て

ヴィーコは、イソクラテスが「行為も思考もすべてその導き手は言葉であり、最大の知性をそなえた者こそ最も言葉をよく用いる」と主張したと同様に、「真実は雄弁によって真実らしく語られねば、人を同意させることはできない」として、グーテンベルク以降、哲学の下位に甘んじてきた「レトリック」の復権を企てていた。そして、レトリックの伝統のなかで語られていた「一見ばらばらに見えるもの、異種のものの間に媒介項を見出し、両者を関連づける知性の能力」をインゲニウムと呼んで、近代合理主義科学のもたらした要素還元主義を脱して教育の全体性回復を唱えたのである。

ヴィーコは自叙伝にこう書いている。「〔場所や時代を〕大きく異にする事柄の間に、何らかの共通の理(ラジョーネ)によって、それらを互いに結びつけるような絆《きずな》が存するのを見出して、大いに知的な喜びを感じた。この絆とは、〔精神の〕明敏さを喜ばしいものとなす、雄弁の見事な綾(ナストリ)に他ならない」(『ヴィーコ自叙伝』22—23)。

雄弁《レトリック》・修辞《レトリック》によって、各々の専門領域はうまく対応し合い、関連づけられ、知識を総体としてとらえられるようになる。この異種のものを関連づける理性の力こそ、帰納法思考であり、アナロジー思考であり、隠喩思考である。ヴィーコもまた、若者を豊かな叡智へと導くためには、トピカ（論点の発見）の教育が論理学的クリティカ（批判的判断）に先立たねばならないと主張したが、トピカとは常識《コモン・センス》を基盤としたレトリックの知であった。

ルネサンス期の人文主義者《ユマニスト》は、雄弁と叡智の結合を説いたキケロを模範とし、古典レトリックの復興を通じた人間形成を理想としたが、レトリックの知には共通感覚（常識）への信頼がある。マクルーハンがあれほど共通感覚にこだわった理由もこれで分かろう。マクルーハンはエレクトロニクス時代の人文主義者《ユマニスト》であった。視覚の独走によって失われていた五感の相互作用が電気技術によって回復され、想像力の基盤である共通感覚《センスス・コムニス》がもどってくることを熱望していたのである。「少なくとも〔将来の〕非文字型時代においては、すべての感覚の間に比率均衡が保たれることになろう」（M１／３７６）。熱望というよりも、技術決定論的な確信でさえあったか。

感覚間の均衡が保たれていた古代人の言葉は、知覚の言葉、感受性の言葉である。ヴィーコは、世界の幼年期に生きた人間たちは生来崇高な詩人であったという。彼らは、感覚されえない事物に感覚と情念を与え、生命のないものを手にとってあたかも生きているもののごとくに戯れ、話しかける幼児のようであった。やがて抽象的な精神作用を表現するために物体との間に類似や関係性を見つけ、それに表現を与えることから「詩的知恵」は育まれた。詩的知恵は概念的抽象物ではなく現実の事象と感受性を扱うのだから、詩的知恵だけが真実であるか否かを判断する基準である。

人間のことばの使用や行動に大きな変化が生じるときは、常に新しい道具の採用が関係している。そこには民族がどのようにして環境の変化に対応していったかを知る手がかりがある。

メディアの法則――形相因の探求としてのテトラッド

『メディアの法則』の冒頭、マクルーハンはこう宣言する。「伝統への保守的な愛着のため、文法学者と修辞学者はずっと「古典学派《アンティクイ》」と呼ばれてきた。一方、それぞれの時代において、知識と思想と試みを組織化するために驚くべき新しい体系と手法を提供してきた弁証学者は「現代学派《モデルニ》」と呼ばれてきた。よく知られたこの二者間の競い合いはそのまま残り、両者の知的抗争はその当事者たちにはあまり知られていないが、今日まで連綿と続いているのである。メッセージとは性質を異にするものとしてのメディアの問題を扱うために、過去数十年、数世紀に及ぶ「現代学派」による科学の展開の無益さに対抗して、私たちは本書『メディアの法則』をもってこの闘いにおける新たな運動に踏みだそうとしている」（M3／19―20）。『メディアの法則』（一九八八年）のもととなった研究は、『メディアの理解』（一九六四年）の改訂版の依頼があったときに始まった。マーシャルとエリックの二人は『メディアの理解』に寄せられた批評を読み返し、続篇ではどうやって読者を満足させられるかという難題に取り組んだ。寄せられた批評の多くは「科学的でない」といった類の批判であった。『メディアの理解』では、読者の感受性を揺さぶるためにわざと非連続的な論述方法が採られたが、その論述方法を維持しながら、どうしたら主張を「科学的なもの」にできるかということが二人の問題であった。そしてついにカール・ポパーの『客観的知識』にその答えを見出した。それは反証可能なかたちで言明されたものということであった。

そこから二人の探求が始まり、「拡張」、「衰退」、「回復」、「反転」の四つ組のテトラッド、すなわち「メディアの法則」の発見へとつながった。人間の手でつくり出されたものはすべて、この四つの諸相で説明がつく。もし、三つや五つのものが見つかれば（反証できれば）、「法則」とは言えなくなる。エリックは、「ぜひ、反証を試みて欲しい。必ず四になるはずだ」と読者を「探求」に誘うのである。『メディアの法則』は『メディアの理解』の改訂版を超えたマクルーハン思想の集大成であるとともに、フランシス・ベーコンによって始められ、ジャンバティスタ・ヴィーコによってさらに推し進められた研究の第三巻に位置すべきものとなった。

近代科学は哲学（論理学〔ロジック〕）をその確固とした基盤として、論理的整合性と実証性を備えた厳密な学として発展してきた。ロジックと厳密性を欠いた科学などないというのが科学者の信念である。その結果、論理性と必然性を欠いたレトリックは科学の領域から追い出され、過去数世紀、文芸の領域でかろうじて生き延びてきた。とりわけ学問体系が理系と文系に明確に分かれている日本では、ロジックは理系の、レトリックは文系の学問領域とされる。理系の科学は社会に有用な学問で、政府によるノーベル賞の獲得目標まで出されているが、社会に有用でない文系学部は廃止、といった話まで出てきているほど、文系学問は科学とは無縁の学問とされるに至っている。

しかしマクルーハンの論を俟つまでもなく、西洋の知は、文系の学たる三科（文法学、修辞学、弁証学）と理系の学の四科（数学、幾何学、音楽、天文学）、いわゆる自由学芸《リベラルアーツ》七科の伝統の上に展開されてきた。そして前者、「文系の学」の三科《トリヴィウム》がその土台であった。もともと文系の学であった弁証学（哲学）はグーテンベルク以降、三科の中で力を増し、同じ抽象的な学である数学と同盟を組んで理系の科学発展の基礎となった。

私は『メディアの法則』の訳者あとがきで、「それにしても驚くべきは、西洋の人文学の伝統がもつ予見力であろう。自然科学や社会科学が、演繹的な手法を用いて未来を予測する以上に、人文学を正しく用いれば、未来を鮮明に描きだせることを本書は教えてくれる」と書いたが、今回新たに「近代はロジックの知だけが科学を名のった時代であった。マクルーハンの最後の仕事『メディアの法則』は、レトリックの知を復権させ、ロジックの知との調和を図り、西洋の教育の伝統を回復させることであった」と追記したい。人文主義者《ユマニスト》マクルーハンにとってレトリックの知「人文学」は科学でなければならなかった。

日本語の「科学」はscienceの翻訳語であるが、scienceの語源は、ラテン語のscientia（スキエンティア）で「知」や「知識」を意味する。knowledge（知識）とほぼ同義である。従って、英語のscienceは日本語の「科学」よりも幅広い「体系的な知識・学」といった意味になる。

エリックは、ベーコンが自身の本を『ノヴム・オルガヌム（新機関）』と名付け、ヴィーコがその本を『シエンツァ・ヌオーヴァ（新しい学）』と呼んだことを受けて、「この本に「新しい学《ニュー・サイエンス》」という副題をつけたが、よくよく考えてみると、これを表題にして、表題の『メディアの法則』を副題にしたいとの思いにかられるのである。……父が生きていたならきっとそうしたのではないだろうか」と書いている。

ロジックの伝統は、ソクラテス、プラトンから、アリストテレスの『分析論前書』で定式化され、中世の論理学を経て、近代のデカルト、ホッブズ、ライプニッツに受け継がれた。一方、レトリックの伝統は、雄弁家ソフィストから、イソクラテス、キケロ、クインティリアヌス、教父、ルネサンス人文主義者《ユマニスト》を経て、ベーコン、ヴィーコ、そしてマクルーハンが最後に引き継いだ。

文系の学であるはずの社会科学は、その演繹的手法を理系の科学（自然科学）から取り入れたため、後者ではなく前者の系統に入ってしまった。マクルーハンのメディア論が、本来、人間の営為を扱う社会科学のテーマでありながら、従来の社会科学の理論と趣を異にするのはそういうことである。マクルーハンにとってのメディアリテラシーとは電子メディア社会を「レトリックの知」で読み解く能力のことであると言えよう。そして、その具体的な方法として提示されたのが「テトラッド」である。

メディアの法則は、テトラッド形式でロゴスと形相因を時代に合うものに刷新し、人間が加えたあらゆる人工物《アーティファクツ》の構造を分析的に明らかにするものである。テトラッドは、ハードであれ、ソフトであれ、人間がつくった人工物の作用と反作用を解明するため、四つ組の質問形式で構成される。

- それは何を強化し、強調するのか？
- それは何を廃れさせ、何に取って代わるのか？
- それはかつて廃れてしまった何を回復するのか？
- それは極限まで推し進められたとき何を生みだし、何に転じるのか？

印刷と活字のメッセージは、それが存続するかぎり、正確に無限に繰り返されるメッセージである

テトラッドによって、あらゆる人工物は、言葉同様に発話されたものとして、修辞学的（詩的）研究と文法学的研究の対象になる。テトラッドの四つのそれぞれの部分は、図と地の相互作用によって構成されている。

・強化：ある構成要素の一つを図に変えること、あるいはすでに図になっているものをさらに強めること
・衰退：図が地に戻ること
・回復：地が新しい状況を通して図となること
・反転：図と地が立場を入れ替えること

隠喩の「AとBの関係はCとDの関係と同じ」という類比関係《アナロジー》はテトラッドにも当てはまる。例えば、「強化」の作用と「反転」の作用の関係は、「回復」の作用と「衰退」の作用の関係と同じである。マクルーハンは、新しいもの（技術の隠れた特性への探求）を、古い、哲学的・弁証学的アプローチではなく、それ自身の条件下、すなわち古代の修辞学と文法学の回復による新しい方法で獲得することを目指した。

エリックは後にインタヴューに答えてこう語っている。「『メディアの法則』の最終章（第五章）は「メディア詩学《ポエティクス》」と名づけました。テトラッドが本質的には詩学であり、またテトラッドが作るプ

ロセスに関わるからです（ギリシャ語で詩〔ポイエーシス〕とは「作る」ことを意味します）。テトラッドはそれを適用する事物の形式上の本質を伝えてくれます。テトラッドは説明や評釈はしません。それは通常の科学のやる仕事です。テトラッドはある事物が何かを、その効果を語ることによって語るのです」（『マクルーハン――生誕100年』108）。

そもそもベーコンの『ノヴム・オルガヌム（新機関）』、ヴィーコの『シエンツァ・ヌオーヴァ（新しい学）』、『メディアの法則』の副題「ニュー・サイエンス（新しい学）」の題名には皮肉と逆説が込められている。「新しい科学（古典学派《アンティクイ》）」の起原は、「古い科学（現代学派《モデルニ》）」よりも実際にはずっと古い。ベーコンも、ヴィーコも、遠く伝統に遡って自分の著作を書いた。マクルーハンもそうした。その意味で、「新しい科学（古典学派）」は伝統の中に深い根源をもつ。

それに対して、「古い科学（現代学派）」は、伝統から切り離された抽象語に基礎を置き、弁証学的、アリストテレス的である。それは技術による文化変容の因果的連鎖、即ち動力因のみを扱う。動力因は、四原因（形相因、質料因、動力因、目的因）の中で、明晰に考えられ、数学的に表現可能であったため、ルネサンス以降、唯一問題にせられる原因として残った。このことは、スコラ哲学の現代学派《モデルニ》からすれば、伝統に対するあらゆる束縛や忠誠を断ち切る上で好都合だった。こうして新しい技術がもたらす多様で複雑な因果関係は排除された。

テトラッドが分析するものは環境的な地、形相因である。テトラッドは隠喩同様に、二重の図と地の並置ででき、非連続的かつ共鳴的である。テトラッドによって、新しい技術がもたらす隠れた影響が隠喩的に浮かび上がってくる。人間の文化と活動を分析する方法は、四つ組のテトラッドに先だって、ヘーゲルが提唱した弁証法の三分法（定立、反定立、総合）の形式（トライアッド）があった。テトラッドでは、未来に進行しながらも「回復」によって過去と共鳴するが、弁証法の運動によって進行する「新しい定立」に対する「新しい反定立」は、以前のものと一切のつながりを持つ必要がなく、理論的（左脳的）な分類によって無理やりつくられた乱暴で革命的な特性を持つものだった。マクルーハンは、この弁証法を支えるトライアッドは視覚空間を突出させた連結的な形式であり、回復を無視し、未来を投影するための歴史的基盤を欠いた「古い科学」であると批判するのである。対して、テトラッドは互いに比例し合う二つの図と二つの地からなる右脳的な性質のものであり、人工物や概念に構造的に内在している。マクルーハンは、トライアッド的なアプローチによる現代社会の研究をテトラッド的解釈に、すなわち概念《コンセプト》による研究方法から知覚内容《パーセプト》による研究方法へ転換することを目指していた。

> 三段論法的なものであれ、ヘーゲル弁証法的なものであれ、三つ組（トライアッド）の形式自体は、地を消滅させてしまう。しかし、第四項が三つ組に加えられると、つまり四つ組（テトラッド）をつくると、その形式は新しい形式——共鳴的、併置的、変容的な形式——に反転する。（M３／１７４）

テトラッドの四つの局面のうち、地から図への「回復」の発見がしばしば最も難しいが最も創造的でもある。芸術家や起業家にとって、この「回復」局面の発見こそが成功のカギとなろう。メディアと人工物の理解に関して、非連続的、聴覚的な知覚を「回復」させるテトラッドによって、地を欠いた動力因のみを扱う「古い科学（現代学派《モデルニ》）」は時代遅れ、即ち「衰退」する。

テトラッドの基本図（M3、179ページより）

〈テトラッドの具体例　1〉高層建築（共同住宅）（M3、188ページより）

自動車と電気メディアは、
高層建築の欠かせない地である。

孤独と雑踏　**スラム**

地下墓地《カタコンベ》　**共同体《コミュニティ》**

共同住宅《アパートメント》は自宅じゃない？

誰でもは誰でもない。

穴居人《ケイヴ・ドウェラー》＝アパート居住者

強化	**反転**
回復	**衰退**

〈テトラッドの具体例　2〉 クレジットカード（M3、246ページより）

クレジットカードによって
国民は情報として
コンピュータのなかに
送り込まれる

自分のカードの
有効性を
確認するためには
もうひとつのカードが
必要になる
カードの紛失は
アイデンティティの喪失である
その結果、新たな人格《ペルソナ》づくりが
必要になる

利用者《ユーザー》のイメージ

取引の膨張《インフレーション》

企業サーヴィス
意識
観衆
舞台《ステージ》としてのクレジットカード

通貨

部族の記憶貯蔵庫としての
コンピュータ

利用者《ユーザー》も取引も商品も
同様に廃れてしまい、
情報とイメージになる

強化	**反転**
回復	**衰退**

〈テトラッドの具体例　3〉テトラッド（M3、287ページより）

「テトラッド概念」自体が人工物《アーティファクト》であり、テトラッドのパターンに従う。テトラッドによって、ひとつの状況全体を別の状況全体を通して見る知覚的技術としての隠喩が強化され、形相因が回復する

包括的、構造的プロセスの意識

技術（ハードウェア）がソフトウェア語になる

地から立ち現われる図

隠喩、ロゴス

支配・論理的方法

入れ替わる地と図

形相因

動力因

創作《ポイエーシス》

強化	**反転**
回復	**衰退**

第7章　口誦の知者　ソフィスト・マクルーハン

雑誌『探求』８号表紙

われわれの中のプラトンvs.ソフィスト

「ロジック」と「アナロジー」、「体系的記述」と「警句（アフォリズム）」、「概念的」と「直感的」、「知性」と「情緒」、「客観主義」と「主観主義」、「理論家」と「実践家」、そして「プラトン的」と「ソフィスト的」など、単純化してしまえば、人間は、前者タイプの思考の人間と後者タイプの思考の人間の二種類に分類できる。マクルーハンの二分法で言えば、「活字人間」と「口誦人間」、あるいは「ホットな人間」と「クールな人間」となろう。C・P・スノーが、自然科学と人文科学を相容れない「二つの文化」と呼んだことにも対応する。世界的なリベラルアーツ教育の再興は、この二つの文化・思考様式の隔絶と対立を克服しようとするものである。

学問の世界に限らず、われわれの日常のコミュニケーションも、この二つの文化の間での対立と調和である。日本はもともと、武人が戦場で一首詠むような国だったから後者タイプの人間が尊敬され力を持っていたが、明治以降、印刷文化の浸透と西洋型教育の普及で左脳にバイアスがかかってからは前者タイプが幅を利かせるようになった。現場に足場を持たないインテリ階層が勃興して「知恵」と「知識」が分離し、それまでの言行一致の倫理観に代わって外野的評論家精神が「知識人」の理想の姿となった。こうした人物は演繹的論法を好み、実地の成果よりも理屈が優先しがちなため、現実が違ってもなかなか修正しない。変化の激しい現代社会において、このタイプのリーダーは成果を期待できないばかりか危険でさえある。

それに対して、後者の思考を支えるものは、伝統と人間の常識に信頼をおいた経験主義、現場主義の方法である。理屈よりも人との会話や日々の試行錯誤の中から新しい方法を見つけ出し、即行動に赴く。起業家《アントレプレナー》はもちろん皆、このタイプである。顧客、マーケットという流動的な「地」を持っているので、知覚をフルに働かせて社会の変化を敏感に感じ取れる。ただ、こうした経験知というのは勘とか直感としか表現できない暗黙知のため、ロジカル言語が支配的な大組織においては力を持てなかった。マクルーハンが、「大企業においては、新しいアイディアはすぐに叩き潰せるよう前を向かされる」と言ったのはこのことである。

新しいアイディアというものは、つねにアナロジカルな可能性（真実らしいもの）に過ぎず、厳密なロジカル言語に論駁されやすい。しかし、この状況もようやく変わりつつある。印刷文化のロジカル思考が地となって生んだ「専門分化」の概念が有効でなくなってきている。電子メディアによる知識の爆発的拡大が「専門」の壁を吹き飛ばしてしまったのである。

現代の問題の多くは全体としての解を必要としている。マクルーハンは、「専門家《スペシャリスト》というものは、小さな誤りは決して犯さないが、すごい誤りに向かって進んでいくものである」と皮肉った。P・ドラッカーも、「専門化は、今後ますます、知識を習得するうえでかえって障害となっていく。知識を有益なものとするうえでは、さらに大きな障害となっていく」（『新しい現実』３６５）と言った。学校のカリキュラムに馴染めず大学を二度も退学したバックミンスター・フラーは、「専門分化とは、聡明な若者に生涯続く奴隷状態を受け入れさせるために考案されたものである」（『宇宙船地球号　操縦マニュアル』27―29）とまで言っている。晩年、経済史から文明史に転じたハロルド・イニスも、学習における専門化、細分化に一貫して反対していた。

専門の分割知をいくら足し合わせても変化する複雑な全体を知ることはできない。スティーブ・ジョブズは、「アップルはいつも、テクノロジーとリベラルアーツの交差点に立とうとしていた」、「創造性とは、いろいろなものをつなぐ力だ」と言ったが、これはヴィーコがインゲニウムと呼んだ「異種のものを関連づける知性の能力」である。「つなぐ」時に必要なのは、分析的なロジカル思考ではなく、経験を拡張していくレトリックの知、アナロジー思考である。かつてエドワード・デボノが「水平思考」と呼んだものも同じであろう。ジョブズが禅に傾倒していたことは良く知られた事実だが、直感的な認知を促すレトリックの知には、民族の歴史と文化を丸ごと認識の地として利用できる強みがあるのである。

世界はアナロジーに満ちており、アナロジーを発見し、利用することが問題解決や創造には不可欠である。デスクトップ、オフィス、フォルダー、ごみ箱、ウィルスといった隠喩で構築されているコンピューターのインターフェース・デザインは、そうした新しい状況にすでに対応している。デザイナーやアーティストに限らず、対象を感覚的に理解すること、パターン認識を磨くことが現代人の生き残りの条件になった。

こうした変化の多くは、半世紀前にマクルーハンが言ったことだが、多くの人は半信半疑であったため、それを実践する人はいなかった。だが、竹村健一だけがマクルーハンが予言した変化を先取りして実践した。竹村は、「テレビの時代には方言が復活する」というマクルーハンの言葉を信じ、テレビで初めて関西弁で時事問題を論じた。日本の標準語などたかだか一世紀前に印刷文化とともに始まった「人工語」である。それよりも、印刷文化の洗礼を受けていない方言は、心の奥深いところで社会的な絆を回復させることがテレビの登場によって明らかになった。それまで漫才や娯楽番組以外で方言がテレビで堂々と話されることはなかったが、竹村は関西弁を貫いてテレビ界の寵児になった。

テレビの本質もよく理解していた。マクルーハンの「テレビはプロダクツ（結論）よりもハプニング（プロセス）を好むメディアである」ことを受けて、時に番組の中で大声を出すこともした。結論とか知識を伝えるのであれば、印刷媒体が一番適しているが、テレビ討論などにはプロセスがあるだけで結論がないのである。テレビの視聴者は、討論の結論が何だったか、など気にしない。「印刷文化は生真面目だが、テレビ文化はカジュアルである」も迷わず実践し、パイプを片手に、砕けた調子で大物政治家と対談した。テレビ界からその前の環境である印刷文化の影響が抜けきっていない段階でそれを実践した竹村は、いわゆる活字知識人には胡散臭い人物に映ったが、その人気に歯止めをかけることはできなかった。

ＴＶ出演をして分かった事というのは、つまり、なぜ竹村健一が人気者になったか、なぜ竹村健一をＴＶでロンバクできる知識人があらわれないのか、という事なのだった。竹村健一をやりこめる役で登場する知識人は、ＴＶというメディアを、体得していない、つまりたまにしかＴＶに登場しない人か、登場しても本当のところＴＶをしていない人達だったからなのである。ＴＶというのは、内容を伝えるメディアではないのだ。人間が映ってしまった時に、ＴＶはその人間の言葉ではなく、所作や表情を伝えるメディアになる。こういうことは、10年前に、マーシャル・マクルーハンという人が言って、大旋風というのを巻き起こしちゃったりしたことなのだった。

そうして、そのマクルーハンの最初の紹介者が竹村健一だったのである。彼はそれを、学問としてではなく応用技術として身につけたのだった。マクルーハンを一等利用したのは、竹村健一だったのだと思う。……竹村健一をTVで批評するとしたら、タモリのように、つまり竹村健一の所作を浮き彫りにするしかない。しかしそれは、竹村健一を糾弾するのではなくて、視聴者に、あんた方はこれを見ているんだよと、わからせる以外にないのだ。竹村健一は別に大衆をダマしたり、体制の手先になってインチキをしてるワケじゃない。インテリが批判する論理に拮抗する論理を、持っているワケじゃないのだ。持っているのはTVに対する対し方だけなのだ。竹村健一はおそらく、自分のしゃべっていることを信じている。意識的に視聴者をダマそうなどと思っていない。つまり、いってみれば正直な、単なる善人なのであります。（南伸坊「自信の根底にマクルーハン理論」『竹村健一全仕事　マルチ研究』62―64）

難解な抽象語に頼ってマクルーハンを解説する知識人に対して、竹村はつねに平易な言葉を使っていた。方言（関西弁）は何よりも大衆のことばである。竹村の言葉は、大衆の常識《コモン・センス》に響いていたであろう。竹村自身は、マクルーハンや自分への批判について次のように言っている。

マクルーハンの書くものには、彼が人と討論した記録のときだけでなく、彼ひとりで書くときでも、「さまざまな急流がときにぶつかり、ときにあふれる」ごとく、生のまま激しく発想が記録されている。本は、これらの激流を下流のほうで、静かになってからとらえて出すものだ、という固定観念がある。マクルーハンはその悪文によって、その多様性ある発想によって、この既成概念に、真っ向から挑戦しているのである。……学者諸先生としては、このように各領域を無遠慮に歩き回る男を、許すわけにいかないのは当然だったろう。それは私という男にも、あてはまるのかもしれない。「なんでも屋」という、日本では決して聞こえのよくないことば、私を批判した記事もいろいろ見た。まあ、学者や頭の固い批評家諸氏の、そういわれる理由はよくわかるが、日本の新聞・雑誌に出た批判は、以上述べた意味で、根本的に批評の尺度がまちがっていた、といわざるをえない。（『対話』202―206）

まさに「なんでも屋」であった竹村は、「専門家」の狭量な知の批判などものともしなかったのである。

ソフィスト・マクルーハン

プラトンが攻撃した古い権威は、前文字文化のソフトウェアであった。それは口誦的で共同体的な、ほとんどショービジネスであった。ローマと中世の教育はもっとハードウェア、すなわち書記と紙とパーチメントに依存していた。それはまた、人の移動とこれらの素材の輸送にも頼っていた。プラトンとアリストテレスは、彼らの大学を固定して動かない都市国家の観念の上に発展させた。ローマ及び中世の理想はもっと移動的で連邦的だった。今日、新しい電気的ソフトウェアの到来にともない、時間と空間は情報へのアクセスに関する限り消滅した。我々は世界中のいつの時代のことであれ、どこの場所のことであれ学ぶことができる。さらに、ソフトウェアはポスト識字の傾向がある。電気的映像《エレクトリック・イメージ》は、印刷されたハードウェアに簡単に取って代わる。こうした映像の即時的な性格は、教育における目標志向を破壊する。個人的キャリアのための専門主義と個人的な方向付けは、即座にその妥当性を失い、現行の教育及び商業機構に参加している全ての人の理想と活力を混乱させる。（トロント大学マクルーハン・アーカイブ資料「adopt a college」から）

古代ギリシャのソフィストたちの依拠していた口誦のソフトウェアは、新しく登場したアルファベットのソフトウェアに取って代わられた。ソフィストたちが教育の指導的立場から追放されてしまってから二〇〇〇年を経た二〇世紀後半、ギリシャの口誦の伝統を引き継ぐ一人のソフィストがカナダ・トロントに突如現れた。彼には、グーテンベルク以来五〇〇年間権威を誇ってきた文字文化のソフトウェアが、新しく登場した電気のソフトウェアに取って代わられることが見えていた。文字文化のソフトウェアの上に成り立つあらゆる制度、習慣、権威が大混乱をきたすことが分かっていた。歴史の中に消えたソフィストは、芸術家《アーティスト》や詩人に仮装し、生きながらえてきたが、いまや教育の主導権を取り戻すまたとないチャンスが到来したのである。

プラトンがソフィストに浴びせた批判は、二三〇〇年後、マクルーハンが他の学者・批評家から受けた批判そのものである。

ソフィストの弁論術がプラトンに批判されたように、マクルーハンの比喩とアフォリズムに満ちた論述形式もまた、論理的でない、体系的でないと批判された。

ソフィストは、どんな分野がテーマであってもその分野の専門家を論駁することができると自ら標榜していたが、それがプラトンによって「すべての物事について知る者は神のみである。ソフィストの知は真の知ではない」と批判された。マクルーハンの部屋には、「NO Specialist Need Apply（スペシャリスト応募の用なし）」と書いてあった。マクルーハンは、断片化された専門家の狭量の知を嫌い、自身は博覧強記ぶりを示したが、「専門家」からは科学的でない、証拠を示していないのは本当は何も知らないからだ、と批判された。

ソフィストは、「真実よりも真実らしいものを信じ込ませる似非教師」と客観的真実を信奉するプラトンから批判された。マクルーハンも「君にとって都合のいい理論であることは分かったが証拠を示せ」と客観主義者から批判された。

ソフィストは授業料をとって若者に弁論の術を教えることが批判されたが、マクルーハンは、アメリカのフォーダム大学（ニューヨーク）から年俸一〇万ドルで招かれたことで、学者仲間から「報酬好き哲学者（fee-losopher）」と揶揄された。

ソフィストのゴルギアスは、ソクラテスに誘導されて得意の長広舌を封じられ、一問一答によって論駁されてしまったが、マクルーハンは、ゴルギアスの愚を犯さず、何を言われても隠喩に満ちた長広舌を貫いた。ソフィスト同様、マクルーハンの論述は聴衆の共通感覚（常識）を地としていた。地をもたない抽象的な思考のアカデミー学者にはできない弁舌を展開し、テレビの中で視聴者を相手に一大旋風を巻き起こした。事ほど左様にマクルーハンはソフィスト的であった。ソフィスト・マクルーハンを受け入れるということは、西洋の伝統にとって重大な問題が生じる。マクルーハンのメディア論は、ソクラテス以来、西洋文化、西洋哲学を支配してきた客観主義を葬りかねないと見られたからである。隠喩《メタファー》とはまさに主観主義を体現するものであって、絶対的真理探究の障害になるとみなしてきたのが西洋哲学であった。

ソフィストのプロタゴラスが「人間は万物の尺度である」と言ったように、マクルーハンの「変容のコミュニケーション理論」は、一定不変の意味が言語やメディアを通じて伝わるのではなく、メタファーとしての言語とメディアによって、我々は日々それぞれの意味と現実を経験しているとするものである。言語が違えば世界は違う、メディアが違えば世界は違って見えるということを受け入れることは価値の多様性を認めることに通じる。意味は人間から独立して存在しているわけではない。人間がいるから意味が生じるのである。だがそれは、「主観主義」「相対主義」の扉も開きかねない。

六〇年代、客観的世界の存在を否定し、没論理を促すかのように機能するマクルーハニズムは一つの危険な思想であると言われたのはこのためである。マクルーハン自身は、誰からも何からも制約を受けない「主観主義」を主張しているわけではなく、むしろ人間に共通する価値観（常識）と歴史的正当性を擁護する経験主義者・保守主義者である。マクルーハンは、活字的理性が作り上げた近代秩序の崩壊への警鐘を鳴らしていたに過ぎない。

日本でマクルーハン旋風が吹きあれた時、欧米のような拒否反応が出ず受け入れられたのは、日本が西洋ほど客観主義の神話に縛られていなかったためであろう。人間の生とは無縁な抽象語である

「絶対的真理」とか「絶対的価値」とかを信奉する客観主義のもとで、歴史上どれだけ残虐な行為が正当化されたかを考える時、マクルーハンの思想は哲学的に見直される必要がある。

マクルーハンはしばし忘れられても再び現れよう。電気のソフトウェア環境が浸透するにつれ、マクルーハン的な思考と生き方が主流になってきているからだ。先行する文字文化のソフトウェアの環境は、電気のソフトウェア環境によって急速に時代遅れのものと意識されるようになってきている。これから生きる我々はみな、マクルーハン的な生き方を身につける必要に迫られている。

あとがき

本書を書き終えた今、エリック・マクルーハン博士との短いながらも濃密な交流の日々を思い返している。分隔てなく、教えを請う者には心を開いて、どんな不勉強者の質問にも誠実に答えてくれる、そういう人だった。トロントを離れる際、彼の部屋を訪ね、お別れの言葉の最後に「マクルーハンは私のライフワークです」と言うと、「私もだ」と応えてくれたときの博士の笑顔が忘れられない。ジェームズ・ジョイスの研究者として『フィネガンズ・ウェイクにおける雷の役割』（未邦訳）を著し、『メディアの法則』、『電気的言語』（未邦訳）、『メディアと形相因』（未邦訳）など、コミュニケーションと文化に関わる多数の著作を残した。父マーシャルの晩年は、父の仕事の協力者として、まさに一心同体の関係にあった。マーシャルの死後は、一九八三年に復活したマクルーハン・プログラムの国際部長として、「メディア・エコロジー」理論の海外への伝道に精力的に取り組んだ。そうした活動の最中、二〇一八年五月一八日、講演先のコロンビアのボゴタのホテルで心臓発作で亡くなった。享年七六歳であった。父マーシャルも、エリックも来日したことはない。なんとか来日してもらい日本のメディア研究者との交流の場をつくれないかと模索したことがあったが、私の力不足もあって実現しなかった。日本のメディア研究者との直接的な交流は、私がトロントに滞在していたときに、私の前職場であったNTTインターコミュニケーション・センター（ICC）との間で行われた

「ICC公開研究会／マクルーハン・プログラム・テレビ会議」（一九九八年）が最初で最後となった。

本書を出すにあたっては、『メディアの法則』の監訳をお願いした高山宏さんに再びお力添えをいただいた。原稿の骨格ができた頃、第三者の率直な感想を聞きたいと思ったのだが、内容からして高山さん以外に相談できる人は考えられなかった。『メディアの法則』からずいぶんと時間が経っており、簡単に実現するとは思わなかったが、連絡してみたところ快く承諾していただき、原稿へのアドバイスとともに、マクルーハンについて語り合う貴重な時間を過ごすことができた。私のような浅学非才の輩を勇気づけてくれた高山さんには、感謝のことばが見つからない。また、私の乱雑な原稿を辛抱強く読んでくれ、本としての形式の完成に導いてくれたのが、講談社学芸クリエイトの林辺光慶さんである。心から感謝申し上げたい。最後になるが、本書の完成まで私を励まし、助言をしてくれた友人の本田英郎さんには大変お世話になった。『メディアの法則』の担当編集者であった本田さんが私の原稿を読んで、「これは面白い」と言ってくれたことに勇気づけられ、ゴールまで辿り着くことができた。ありがとう本田さん。

本書は、「一つの」マクルーハン理解に過ぎない。マクルーハンの「思想」は、多様な理解を許してくれるし、マクルーハン親子はそれを望んでいるはずである。マクルーハン理解に終わりはない。本書を手にとってくれた読者の方に感謝するとともに、本書がきっかけになって、マクルーハンの誘《いざな》う「探求の道」に一人でも多くの人が踏み出してくれることを望んで止まない。

中澤　豊

引用文献・参考文献

M・マクルーハン／栗原裕・河本仲聖訳『メディア論』、みすず書房、一九八七年
M・マクルーハン／森常治訳『グーテンベルクの銀河系』、みすず書房、一九八六年
M・マクルーハン／井坂学訳『機械の花嫁』、竹内書店新社、一九九一年
M・マクルーハン／南博訳『メディアはマッサージである』、河出書房新社、一九九五年
M・マクルーハン＆E・マクルーハン／高山宏監修・中澤豊訳『メディアの法則』、NTT出版、二〇〇二年
エリック・マクルーハン＆フランク・ジングローン編／有馬哲夫訳『エッセンシャル・マクルーハン』、NTT出版、二〇〇七年
M・マクルーハン＆E・カーペンター編著／大前正臣・後藤和彦訳『マクルーハン理論』、サイマル出版会、一九八一年（新版）
エリック・A・ハヴロック／村岡晋一訳『プラトン序説』、新書館、一九九七年
ハロルド・A・イニス／久保秀幹訳『メディアの文明史』、新曜社、一九八七年
ジョナサン・ミラー／猪俣浩訳『マクルーハン』、新潮社、一九七三年
E・R・クルツィウス／南大路振一、他訳『ヨーロッパ文学とラテン中世』、みすず書房、一九七一年
マックス・ウェーバー／大塚久雄訳『プロテスタンティズムの倫理と資本主義の精神』、岩波書店、一九八八年
R・D・ラマニシャイン／田中一彦訳『科学からメタファーへ』、誠信書房、一九八四年
エドワード・サピア／安藤貞雄訳『言語』、岩波文庫、二〇〇四年（5刷）
B・L・ウォーフ／池上嘉彦訳『言語・思考・現実』、講談社学術文庫、二〇〇〇年（14刷）
ジョン・ロック／大槻春彦訳『人間知性論（三）』、岩波文庫、一九九七年（2刷）
ジョン・ハリソン／松尾香弥子訳『共感覚——もっとも奇妙な知覚世界』、新曜社、二〇〇六年
アリストテレース／松本仁助、他訳『詩学』、岩波文庫、一九九九年（4刷）

プラトン／藤沢令夫訳『国家（上）』、岩波文庫、二〇一八年（60刷）
プラトン／藤沢令夫訳『国家（下）』、岩波文庫、二〇一七年（56刷）
プラトン／加来彰俊訳『ゴルギアス』、岩波文庫、二〇〇三年（39刷）
プラトン／藤沢令夫訳『パイドロス』、岩波文庫、二〇〇五年（51刷）
プラトン／藤沢令夫訳『プロタゴラス』、岩波文庫、一九九〇年（4刷）
プラトン／山本光雄訳『プラトン全集8　エウテュデモス』、岩波書店、一九八七年（3刷）
プラトン／藤沢令夫訳『プラトン全集3　ソピステス』、岩波書店、一九七六年
F・ベーコン／桂寿一訳『ノヴム・オルガヌム』、岩波文庫、二〇〇〇年（12刷）
F・ベーコン／服部英次郎、他訳『学問の進歩』、岩波文庫、一九七四年
ヴィーコ／清水幾太郎責任編集『ヴィーコ』（「世界の名著33」）、中央公論社、一九七九年
ヴィーコ／上村忠男、他訳『学問の方法』、岩波文庫、一九九八年（3刷）
ヴィーコ／西本晃二訳『ヴィーコ自叙伝』、みすず書房、一九九一年
キケロ／大西英文訳『弁論家について（上）（下）』、岩波文庫、二〇〇五年
アウグスティヌス／山田晶訳『アウグスティヌス』（「世界の名著16」）、中央公論社、一九七八年
P・F・ドラッカー／上田惇生訳『傍観者の時代』、ダイヤモンド社、二〇〇八年
P・F・ドラッカー／上田惇生訳『創造する経営者』、ダイヤモンド社、二〇〇七年
P・F・ドラッカー／上田惇生訳『テクノロジストの条件』、ダイヤモンド社、二〇〇五年
P・F・ドラッカー／上田惇生訳『断絶の時代』、ダイヤモンド社、二〇〇七年
P・F・ドラッカー／上田惇生訳『経営者の条件』、ダイヤモンド社、二〇〇六年
P・F・ドラッカー／上田惇生訳『新しい現実』、ダイヤモンド社、一九八九年
I・A・リチャーズ／石橋幸太郎訳『新修辞学原論』、南雲堂、一九六三年（再版発行）
I・A・リチャーズ＆C・オグデン／石橋幸太郎訳『意味の意味』、新泉社、一九七四年（11刷）
I・A・リチャーズ／星野徹訳『科学と詩』、国文社、一九七一年
G・レイコフ＆M・ジョンソン／渡部昇一、他訳『レトリックと人生』、大修館書店、一九八六年

ポール・ド・マン／上野成利訳『美学イデオロギー』、平凡社、二〇一三年
F・S・パールズ／戸倉ヨシヤ監訳『ゲシュタルト療法』、ナカニシヤ出版、一九九四年（4刷）
リチャード・E・シトーウィック／山本篤子訳『共感覚者の驚くべき日常』、草思社、二〇〇二年
エドワード・T・ホール／日高敏隆、他訳『かくれた次元』、みすず書房、一九七八年（13刷）
エドワード・T・ホール／岩田慶治、他訳『文化を超えて』、TBSブリタニカ、一九七九年
エドワード・T・ホール／國弘正雄、他訳『沈黙のことば』、南雲堂、一九六六年
ジョージ・オーウェル／新庄哲夫訳『1984年』、早川書房、一九八四年（18刷）
ニール・ポストマン／今井幹晴訳『愉しみながら死んでいく』、三一書房、二〇一五年
ドナルド・キーン／篠田一士訳『日本との出会い』、中央公論社、一九七二年
F・M・コーンフォード／大川瑞穂訳『ソクラテス以前以後』、以文社、一九九五年（改訂第6刷）
ワイリー・サイファー／野島秀勝訳『文学とテクノロジー』、白水社、二〇一二年
リュシアン・フェーヴル＆アンリ＝ジャン・マルタン／関根素子、他訳『書物の出現（上）』、筑摩書房、一九八八年（2刷）
E・L・アイゼンステイン／別宮貞徳監訳『印刷革命』、みすず書房、一九八七年
バックミンスター・フラー／芹沢高志訳『宇宙船地球号 操縦マニュアル』、ちくま学芸文庫、二〇〇三年（3刷）
テイヤール・ド・シャルダン／美田稔訳『現象としての人間』（「テイヤール・ド・シャルダン著作集1」）、みすず書房、一九七五年（7刷）
ヴァルター・ベンヤミン／佐々木基一編集解説『複製技術時代の芸術』、晶文社、二〇一〇年（8刷）
T・S・エリオット／森山泰夫注・訳『四つの四重奏曲』、大修館書店、一九九三年（3刷）
T・S・エリオット／上田保訳『詩の効用と批評の効用』（エリオット全集3）、中央公論社、一九九一年（改訂6版）
エリザベス・シューエル／高山宏訳『ノンセンスの領域』、白水社、二〇一二年
エリザベス・シューエル／高山宏訳『オルフェウスの声』、白水社、二〇一四年
M・マクルーハン＆クエンティン・フィオール／広瀬英彦訳『地球村の戦争と平和』、番町書房、一九七二年
『マクルーハン――生誕100年、メディア（論）の可能性を問う』、河出書房新社、二〇一一年

マリオ・ブンゲ／黒崎宏訳『因果性』、岩波書店、一九七二年
パオロ・ロッシ／前田達郎訳『魔術から科学へ』、サイマル出版会、一九七〇年
ジョン・マン／金原瑞人、他訳『人類最高の発明アルファベット』、晶文社、二〇〇四年
デイヴィッド・クローリー＆ポール・ヘイヤー編／林進、他訳『歴史のなかのコミュニケーション』、新曜社、一九九五年
J・M・ソスキース／小松加代子訳『メタファーと宗教言語』、玉川大学出版部、一九九二年
ロラン・バルト／宗左近訳『表徴の帝国』、ちくま学芸文庫、二〇〇八年（14刷）
ロラン・バルト／沢崎浩平訳『旧修辞学』、みすず書房、一九七九年
竹村健一『マクルーハンの世界』、講談社、一九六七年
竹村健一『マクルーハン理論の展開と応用』、講談社、一九六七年
竹村健一『マクルーハンとの対話』、講談社、一九六八年
太田雄三『英語と日本人』、講談社学術文庫、一九九五年
田中美知太郎『ソフィスト』、講談社学術文庫、一九七六年
岡倉覚三／村岡博訳『茶の本』、岩波文庫、二〇〇〇年（96刷）
鈴木大拙『新編 東洋的な見方』、岩波文庫、一九九七年
鈴木大拙『禅とは何か』、春秋社、一九九六年（3刷）
鈴木大拙『鈴木大拙全集』第21巻、岩波書店、一九六九年
稲垣良典『現代カトリシズムの思想』、岩波文庫、一九七一年
牧野成一・岡まゆみ編著『日英共通メタファー辞典』、くろしお出版、二〇一七年
石川九楊『縦に書け！』、祥伝社、二〇〇五年
高田博行『ヒトラー演説』、中公新書、二〇一四年（3版）
吉本隆明『言葉という思想』、弓立社、一九八七年（新装版第1刷）
渡部昇一・日下公人監修『竹村健一全仕事 マルチ研究』、太陽企画出版、一九九五年
小池澄夫訳『イソクラテス弁論集2』、京都大学学術出版会、二〇〇二年

中村雄二郎『共通感覚論』、岩波現代選書、一九九二年（19刷）
三木清『哲学ノート』、中公文庫、二〇一〇年
花田圭介責任編集『フランシス・ベイコン研究』、御茶の水書房、一九九三年
円満字二郎『昭和を騒がせた漢字たち』、吉川弘文館、二〇〇七年
植松秀雄編『埋もれていた術・レトリック』、木鐸社、一九九八年
『電通報』（一九六七年一〇月二一日号）
納富信留『ソフィストと哲学者の間』、名古屋大学出版会、二〇〇二年
納富信留『ソフィストとは誰か？』、人文書院、二〇〇六年
原田武『共感覚の世界観』、新曜社、二〇一〇年
上村忠男『ヴィーコ』、中公新書、二〇〇九年
上村忠男『ヴィーコの懐疑』、みすず書房、一九八八年
服部桂『マクルーハンはメッセージ』、イースト・プレス、二〇一八年
『インターコミュニケーション』No.1、NTT出版、一九九二年

Selected and Edited by Matie Molinaro, Corinne McLuhan, William Toye, *Letters of Marshall McLuhan*, Oxford University Press, 1987
Marshall McLuhan, *The Classical Trivium: The Place of Thomas Nashe in the Learning of His Time*, Gingko Press Inc., 2005
Marshall McLuhan, *The Book of Probes*, Gingko Press Inc., 2003
Marshall McLuhan, *Understanding Me*, The MIT Press, 2004
Eric McLuhan, *Electric Language*, Stoddart Publishing Co. Limited, 1998
Marshall McLuhan and Harley Parker, *Through the Vanishing Point*, Harper & Row Publishers Inc., 1968
Judith Stamps, *Unthinking Modernity*, McGill-Queen's University Press, 1995
Donald F. Theall, *The Virtual Marshall McLuhan*, McGill-Queen's University Press, 2001

Edited by Gerald. E. Stern, *McLuhan: Hot & Cool*, Dial Press, 1967

Philip Marchand, *Marshall McLuhan: The Medium and the Messenger*, Random House of Canada Limited, 1989

W. Terrence Gordon, *Marshall McLuhan: Escape into Understanding*, Stoddart Publishing Co. Limited, 1997

中澤　豊（なかざわ・ゆたか）

一九五八年、新潟県生まれ。一九八二年、東北大学法学部卒業。電電公社（現NTT）入社。一九九一～九七年、NTTインターコミュニケーション・センター（ICC）設立に従事。一九九七～九八年、トロント大学マクルーハン・プログラムにてシニアフェロー。現在、NTTスマートトレード（株）代表取締役社長。訳書・共訳書に『メディアの法則』（マーシャル・マクルーハン／エリック・マクルーハン著、二〇〇二年、NTT出版）、『ポストメディア論』（ケルコフ著、一九九九年、NTT出版）、雑誌掲載論考に『早稲田文学　四号』（二〇一一年九月）「メディアの法則――もう一つのマクルーハンの読み方」がある。

哲《てつ》学《がく》者《しゃ》マクルーハン
知《ち》の抗争史《こうそうし》としてのメディア論《ろん》

二〇一九年　一〇月一〇日　第一刷発行

著者　中《なか》澤《ざわ》　豊《ゆたか》

発行者　渡瀬昌彦
発行所　株式会社 講談社
東京都文京区音羽二丁目一二—二一　〒一一二—八〇〇一
電話（編集）〇三—三九四五—四九六三
（販売）〇三—五三九五—四四一五
（業務）〇三—五三九五—三六一五

装幀者　奥定泰之
本文データ制作　講談社デジタル製作
本文印刷　信毎書籍印刷 株式会社
カバー・表紙印刷　半七写真印刷工業 株式会社
製本所　大口製本印刷 株式会社

ISBN978-4-06-517501-9　Printed in Japan
N.D.C.102　254p　19cm

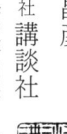

講談社選書メチエの再出発に際して

講談社選書メチエの創刊は冷戦終結後まもない一九九四年のことである。長く続いた東西対立の終わりはついに世界に平和をもたらすかに思われたが、その期待はすぐに裏切られた。超大国による新たな戦争、吹き荒れる民族主義の嵐……世界は向かうべき道を見失った。そのような時代の中で、書物のもたらす知識が一人一人の指針となることを願って、本選書は刊行された。

それから二五年、世界はさらに大きく変わった。特に知識をめぐる環境は世界史的な変化をこうむったとすら言える。インターネットによる情報化革命は、知識の徹底的な民主化を推し進めた。誰もがどこでも自由に知識を入手でき、自由に知識を発信できる。それは、冷戦終結後に抱いた期待を裏切られた私たちのもとに差した一条の光明でもあった。

その光明は今も消え去ってはいない。しかし、私たちは同時に、知識の民主化が知識の失墜をも生み出すという逆説を生きている。堅く揺るぎない知識も消費されるだけの不確かな情報に埋もれることを余儀なくされ、不確かな情報が人々の憎悪をかき立てる時代が今、訪れている。

この不確かな時代、不確かさが憎悪を生み出す時代にあって必要なのは、一人一人が堅く揺るぎない知識を得、生きていくための道標を得ることである。

フランス語の「メチエ」という言葉は、人が生きていくために必要とする職、経験によって身につけられる技術を意味する。選書メチエは、読者が磨き上げられた経験のもとに紡ぎ出される思索に触れ、生きるための技術と知識を手に入れる機会を提供することを目指している。万人にそのような機会が提供されたとき初めて、知識は真に民主化され、憎悪を乗り越える平和への道が拓けると私たちは固く信ずる。

この宣言をもって、講談社選書メチエ再出発の辞とするものである。

二〇一九年二月　　野間省伸